Zur Hochzeit alles Gute!

Zur Hochzeit alles Gute!

Die besten Wünsche für das Brautpaar: Gedichte und Sprüche, Zitate, Toasts und Reden

Susan Lippe/Andrea Rodat

FALKEN

Vorwort

Herzlichen Glückwunsch! – Sie sind zu einer Hochzeit eingeladen! Vielleicht sind Sie die Schwester der Braut oder deren Schwiegermutter, vielleicht haben Sie die Rolle des Trauzeugen übernommen oder hat Sie die Einladung als frühere Schulfreundin erreicht?
Sie freuen sich sehr, aber haben Sie nicht eine Kleinigkeit vergessen? Richtig – das Geschenk! Wahrscheinlich möchten Sie es dem Brautpaar auf der Hochzeitsfeier überreichen – und wissen nicht mit welchen Worten?! Oder Sie möchten einen persönlichen Kartengruß schreiben, aber wiederum fehlen die passenden Sätze. Oder Sie als Brautvater möchten Ihre Rede mit einem hübschen, romantischen Gedicht oder einem effektvollen Zitat einleiten und wissen nicht, wo Sie anfangen sollen zu suchen ...
Genau für Sie haben wir dieses Buch zusammengestellt. Es enthält sowohl literarische Gedichte aus der Feder klassischer Dichter als auch selbst geschriebene Glückwünsche in Prosa oder in Versform. Diese vielfältige Sammlung richtet sich an alle, die ihre Gratulation besonders liebevoll gestalten möchten. Eltern und Großeltern der Hochzeiter erhalten wertvolle Anregungen und Formulierungshilfen für ihre guten Wünsche. Freunde des Brautpaares können beispielsweise auf ironische Sprüche und scharfsinnige Lebensregeln zurückgreifen und diese in die Hochzeitszeitung aufnehmen oder in ihre Darbietungen beim Fest einfließen lassen. Tischreden und Begrüßungsansprachen, teils heiterer, teils ernsterer Natur, gehören ebenso zum Repertoire wie Verse für kleinere und größere Kinder. Falls trotz allem das passende Gedicht oder der passende Spruch nicht dabei sein sollte, werden Sie doch selbst aktiv und „basteln" aus einem oder zwei Texten, die Ihnen gefallen, Ihre ureigene Version!
Viel Spaß beim Schmökern und „Basteln" wünschen

Susan Lippe *und* *Andrea Rodat*
(literarische Gedichte) *(moderne Verse)*

Glückwünsche von Familienangehörigen

Eltern und Großeltern haben eine enge Beziehung zum Brautpaar. Sie möchten Kindern und Enkeln ganz besonders herzliche und persönliche Glückwünsche mit auf den Lebensweg geben. Diese können entweder vorgetragen oder auf einer (selbst gestalteten) Glückwunschkarte überreicht werden. Am schönsten ist natürlich beides! Wann ist zum Gratulieren die beste Zeit? Sicher umarmt man seine Tochter nach dem standesamtlichen oder kirchlichen „Ja" liebevoll und wünscht ihr alles Gute. Aber für die wirklich persönlichen Worte bleibt in diesem Trubel keine Zeit. Viele Paare entschließen sich daher, mit den engsten Hochzeitsgästen (Eltern, Großeltern, Trauzeugen) vor dem großen Fest ein Sektfrühstück oder einen kleinen Brunch zu genießen. Dann können in aller Ruhe die Glückwunschkarten vorgelesen und gebührend kommentiert werden.

Die Brauteltern gratulieren

Die Eltern der Braut wünschen ihrer Tochter das Allerbeste und nehmen ihren Schwiegersohn „offiziell" in die Familie auf.

Höhen und Tiefen

Liebe Sandra, lieber Fabian,
vor dreißig Jahren standen wir an gleicher Stelle und gaben uns das Jawort. Im Laufe unserer Ehe haben wir viele Höhen, aber auch einige Tiefen erlebt. An einer Ehe muss viel gearbeitet werden. Aber wir sind sicher, auch ihr werdet das schaffen. Lasst euch von kleinen Rückschlägen nicht entmutigen, genießt die vielen schönen Stunden. Für euch, aber auch für uns ist heute einer der schönsten Tage im Leben. So harmonisch wie eure Hochzeit soll eure Ehe ein Leben lang sein. Dafür wünschen wir euch viel Glück.

Der beste Mann

Lieber Fabian,
du hast unsere Tochter sehr glücklich gemacht, und damit auch uns, ihre Eltern. Wir hätten ihr keinen besseren Mann aussuchen können, als sie es selbst getan hat. Ein so harmonisches Paar, wie ihr es seid, wird hoffentlich überwiegend auf der Sonnenseite des Lebens stehen und auch Regentage können euch nichts anhaben, wenn ihr den Schirm der Liebe und des Verständnisses über euch aufspannt. Viel Glück wünschen euch eure Eltern.

Grüne Hochzeit

Liebe Sandra, lieber Fabian,
zu eurer grünen Hochzeit gratulieren wir euch von Herzen. Nach fünfjähriger Probezeit habt ihr den Gang vor den Standesbeamten gewagt. Wir sind sicher, dass diese Entscheidung die Beste in eurem Leben ist. Für die vor euch liegenden, gemeinsamen Jahre alles Gute, viel Glück, Liebe und Gesundheit.

Die Eltern des Bräutigams gratulieren

Die meisten Glückwünsche, die für die Eltern der Braut passend sind, können – ggf. in abgewandelter Form – auch die Eltern des Bräutigams übermitteln. Zwei weitere Beispieltexte sind nachfolgend abgedruckt.

Die Schwiegertochter

Liebe Sandra,
wir gratulieren dir nicht nur zu unserem Sohn, sondern vor allem uns zu dieser Schwiegertochter. Wir sind überglücklich, dass ihr zwei nun auch eure eigene Familie gründet. Wir wünschen euch, dass ihr noch viele, viele Jahre mit Freuden an diesen Tag zurückdenkt.

Die Tochter

Liebe Sandra, lieber Fabian,
wir hatten uns immer zwei Kinder gewünscht. Jetzt endlich ist unser Wunsch in Erfüllung gegangen, wir haben eine Tochter hinzubekommen! Wir wünschen euch, dass eure Ehe mindestens genauso lange glücklich bleibt, wie es die unsere ist.

Glückwünsche der Großeltern

Gerade die Großeltern schöpfen aus einem reichen Erfahrungsschatz in Sachen Ehe und lassen diesen in ihre Glückwünsche einfließen.

Der Kuss

Liebe Sandra, lieber Fabian,
mit dem innigen Kuss habt ihr euer Glück nun auch vor dem Standesbeamten besiegelt. Ein Schritt, der gut überlegt sein will. Aber ihr habt ja eine gewisse Probezeit hinter euch. Denkt aber daran, eine Partnerschaft muss gehegt und gepflegt werden. Vertraut nicht allein auf euer Glück! Alles Gute!

Erinnerungen

Liebe Sandra, lieber Fabian,
es ist schön, solch ein junges, glückliches Paar zu beobachten. Wie aufgeregt ihr wart, als euch der Standesbeamte um euer Jawort bat! Wir haben uns bei dieser Gelegenheit an unsere eigene Hochzeit erinnert. Zwar liegt die schon viele Jahre zurück, doch solch einen Moment vergisst man nie. Schließt auch ihr dieses große Ereignis tief in euer Herz ein und erinnert euch häufig und gerne daran. Auf eurem Lebensweg alles erdenklich Gute!

Die gute alte Zeit

Liebe Sandra,
so jung und aufgeregt wie du war auch ich vor 50 Jahren. Wie schön ist es zu sehen, dass sich gewisse Dinge immer wiederholen. In unserer schnelllebigen Zeit haben nur noch wenige Traditionen Bedeutung. Dazu zählt die Ehe; sie ist immer noch eine Basis, auf der man wunderbar aufbauen kann. Lasst euch euer Glück nicht zerstören. Kämpft gemeinsam gegen alles, was eure Partnerschaft angreifen kann. Wir wünschen euch dazu viel Kraft und Glück.

Glückwünsche nach der Trauung

Persönliche Grußkarten können auch nach der standesamtlichen oder kirchlichen Trauzeremonie überreicht und vorgelesen werden.

Glocken und Musik

Liebes Brautpaar,
die Glocken haben nur für euch geläutet, die Sopranistin und der Trompeter haben den festlichen Rahmen eurer Trauung unterstrichen. Erinnert euch stets an diesen wunderschönen Gottesdienst am wichtigsten Tag in eurem Leben. Möge dies der Anfang für einen harmonischen Lebensweg sein. Alles Gute dafür!

Die Großeltern erinnern sich

Liebe Sandra, lieber Fabian,
gestern habe ich noch zu Opa gesagt: „Erinnerst du dich? Wie ist es bei uns gewesen?“ Wir hatten kein Geld, um diesen Tag groß zu feiern. Mein Kleid habe ich von der Nachbarin bekommen und Opa trug einen geliehenen Anzug. Nach der Trauung trafen wir uns bei meinen Eltern zu Kaffee und Kuchen. Und danach zogen wir in unser gemeinsames Zimmer. Eine Wohnung konnten wir uns nicht leisten. Und doch waren wir so glücklich an diesem Tage wie nur noch bei der Geburt unserer Kinder. Es kommt also nicht auf das Drumherum an, sondern auf das, was man an diesem Tag empfindet. Hört heute ab und zu in euch hinein und auch ihr werdet spüren, wie eure Herzen jubilieren.

Reisregen

Liebe Kinder,
eine Menge Reis ist auf euch niedergeprasselt. Deutet man dieses Zeichen, dann wird sich reichlich Nachwuchs einstellen. Doch damit habt ihr noch ein wenig Zeit. Genießt erst einmal eure Zweisamkeit, die Geborgenheit in eurer neuen Wohnung. Uns ist es besonders wichtig, dass ihr beiden glücklich bleibt und euer Leben so gestalten könnt, wie ihr euch das wünscht.

Die Schwester der Braut: Kindheit

Liebe Sandra,
nun bist auch du endlich unter der Haube. Während du vor dem Standesbeamten standest, fielen mir viele gemeinsame Erlebnisse aus unserer Kindheit ein. Wie schnell ist doch die Zeit vergangen?! Weißt du noch, wie wir die Nachbarin geneckt haben, weil sie immer mit uns geschimpft hat, wenn wir im Hof gespielt haben? Oder wie wir eines Nachts heimlich aus dem Fenster geklettert sind, weil wir uns noch mit Freunden getroffen haben? Es gibt viele

solcher Eskapaden, von denen unsere Eltern bis heute nichts wissen. Und das ist vielleicht gut so!
Und jetzt bist du am Anfang deiner Ehe, willst deine eigene Familie gründen. Vielleicht geht es auch deinen Kindern einmal so wie uns. Dann denke immer daran: Wir beide waren auch nicht besser! Aber bis dahin wird noch einige Zeit vergehen. Eine Ehe ist nicht einfach etwas, das nach der Hochzeit beginnt. Daran wirst du einiges zu arbeiten haben. Du weisst, ich spreche aus immerhin dreijähriger Erfahrung. Ich kann dir schon einige gute Tipps geben, wie du in manchen Dingen deinen Fabian leicht um den Finger wickelst. Jedenfalls wünsche ich dir alles nur erdenklich Gute für deine Ehe und dass dein Kinderwunsch bald in Erfüllung geht.
Dir lieber Fabian wünsche ich, dass du mit meiner Schwester weiterhin so gut klarkommst wie bisher. Aber das steht außer Frage! Ich freue mich, einen so netten und gut aussehenden Schwager bekommen zu haben. Bestimmt hast du es schon bemerkt – wir Schwestern halten zusammen wie Pech und Schwefel. Aber ich bin gerne bereit, dir zu helfen, wenn meine Schwester einmal nicht so will wie du. Ich weiss, sie kann manchmal ihren Dickkopf aufsetzen. Ich wünsche dir, dass du meinen Rat nicht brauchst. Falls doch, meine Tür steht immer für dich offen.

Der Bruder der Braut: Ratschläge

Lieber Fabian,
ich spreche aus Erfahrung, wenn ich sage: Als Mann hat man es mit meiner Schwester nicht leicht. Sie kann mitunter etwas zickig sein. Aber im Vertrauen – sie ist in Wirklichkeit ein herzensguter Mensch. Das hast du ja längst schon festgestellt. Ich wünsche dir, dass sie sich in eurer Ehe stets von ihrer besten Seite zeigt. Dazu viel Glück für dich.
Für dich, meine liebe Schwester, sind nun nicht mehr Papa und ich die Männer in deinem Leben. Jetzt kannst du deinen Fabian auf die Geduldsprobe stellen. Ich hoffe, er hält es mindestens so lange mit dir aus, wie wir dich ertragen mussten. Aber ganz im Ernst, mein geliebtes Schwesterchen: Du hast einen tollen Mann gefunden. Und den hast du auch verdient. Versucht beide, euch das Leben so schön wie möglich zu machen. Genießt jetzt noch eure Freiheit, solange ihr keine Kinder habt. Sind erst einmal die kleinen Racker im Haus, ist es aus mit der Ruhe. Ich wünsche euch, dass all eure Träume in Erfüllung gehen!

Der Bruder des Bräutigams: Traumfrau

Lieber Fabian,
das muss dir der Neid lassen: Mit Sandra hast du einen wahren Glücksgriff getan. Ich hoffe, dass auch ich einmal eine so bezaubernde Frau vor den Traualtar führe. Mach diese Frau glücklich – und damit auch dich.
Liebe Sandra, ich weiß gar nicht, ob mein Bruder dich überhaupt verdient hat. Aber ich gönne dich ihm von ganzem Herzen. Ich wünsche dir, dass er dir jeden Wunsch von den Augen abliest und dich noch viele Jahre auf Händen trägt. Alles Gute für euch beide!

Die Schwester des Bräutigams: Ernst des Lebens

Lieber Fabian,
es ist höchste Zeit, dass du unter die Fittiche einer Ehefrau kommst. Sie hat es endlich geschafft, dir die Flausen aus dem Kopf zu treiben. Die Zeit des Probierens und Experimentierens ist vorbei. Du hast dich für Sandra entschieden und dazu kann ich dir nur gratulieren! Du hast großes Glück, dass Sandra so gut auf dich eingehen kann. Sie akzeptiert deine Hobbys, geht sogar mit dir auf den Fußballplatz. Deine Frau ist nicht nur eine attraktive und liebe Partnerin, sondern auch ein richtig guter Kumpel. Halte dein Glück mit beiden Händen fest. Schenke auch du ihr so viel Vertrauen, Zuneigung und Achtung, wie sie dir schenkt.
Ihr beide seid nun auf dem besten Weg, ein glückliches Ehepaar zu werden. Der Anfang ist bestens gelungen. Liebe Sandra, ganz im Vertrauen, auch dir gratuliere ich zur Wahl deines frisch angetrauten Mannes. Wenn er das hört, wird er zwar noch ein wenig eingebildeter – aber schließlich wollen wir bei der Wahrheit bleiben: Mein Bruder ist wirklich ein Prachtstück. Schon einige Frauen haben versucht, ihn zu halten, dir ist es nun gelungen. Ich wünsche dir, dass du mit seinen Macken weiterhin so prima zurechtkommst und euch beiden viele glückliche Ehejahre.

Texte für die Hochzeitskarte (auch in Versen)

Handelsübliche Hochzeitskarten enthalten meist schon fertige Glückwünsche. Doch gerade die nahen Verwandten möchten dem Vorgedruckten einige persönliche Zeilen hinzufügen. Das Hochzeitspaar freut sich auch dann, wenn die Gratulanten ihre guten Wünsche als Gedicht formulieren.

Siebter Himmel

Wir umarmen euch von ganzen Herzen. Geht euren Lebensweg wie auf Wolken und schwebt alle Zeit im siebten Himmel.

Berg-und-Tal-Fahrt

Wir hoffen, dass euch euer Weg über viele sonnige Hügel führen wird und dunkle Täler meidet. Und wenn es doch einmal abwärts geht, dann denkt daran: Nach einer Talsohle kann es nur bergauf gehen.

Amor

Amors Pfeil hat euch getroffen. Und – da sind wir sicher – er hat bestimmt nicht daneben gezielt. Schenkt euch jederzeit Vertrauen und Liebe.

Stürme

Die ersten Ehejahre sind die schwierigsten. Aber mit eurer Liebe und Harmonie werdet ihr auch kleinen und großen Stürmen standhalten.

Das Schiff

Das Schiff eurer Liebe ist in den Ehehafen eingelaufen. Wir lassen heute zu eurem Wohl die Korken knallen. Auf dass euer Traumschiff immer in ruhigen Gewässern fährt und nie von schweren Stürmen heimgesucht wird.

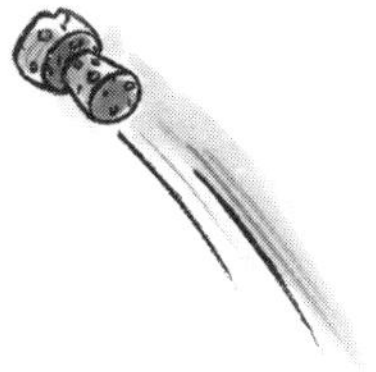

Treue

Alles Gute und viel Segen
auf allen euren Lebenswegen.
Wir wünschen euch das Beste
zu diesem schönen Feste.
Eure Liebe, die sei dauerhaft
und gebe euch somit viel Kraft.

Der Altar

Freude hat es uns bereitet,
dass ihr zum Altar heut schreitet.
Liebe ist's in jedem Fall,
doch auch Sorgen kommen mal.
Lasst euch dann nicht unterkriegen,
tiefe Liebe wird stets siegen.

Widmung zur Hochzeit

Schön ist es, wenn zwei Sterne
sich nahe stehn am Firmament,
auch schön, wenn zweier Rosen
Röte ineinander brennt.

Doch in Wahrheit immer
ist's am schönsten anzusehn:
Wenn zwei, die sich lieben, selig beieinander stehn.

Die Vögel

Ob Amsel, Drossel, Papagei,
die Vögel rufen's von den Bäumen,
dass heute euer Festtag sei,
ein Tag zum Feiern und zum Träumen.

Ihr zwei seid unser ganzer Stolz,
drum wünschen wir auf allen Wegen
- und klopfen schnell auf echtes Holz -
viel Glück, Gesundheit und auch Segen.

Zukunft

Ihr zwei habt euch gefunden,
verbunden nun für alle Zeit.
Ihr wollt des Alltags Sorgen tragen
in Liebe und Beharrlichkeit.

Nur immer vorwärts streben
und keinen Schritt zurück.
Die Lieb' und Treu' bewahren,
das ist das Eheglück!

Amor

Ein Hoch auf Amors Pfeile,
er hat in Windeseile
zum Paar euch zwei gemacht.
Auf dass ihr viele Jahr'
noch glücklich seid als Paar.
Das wäre doch gelacht!

Liebe und Treue

Der schönste Tag im Leben
geht leider schnell vorbei.
Doch ewig sollen dauern
die Liebe und die Treu'.

Liebe waltet

Liebe waltet, ist auch bald zur Stelle,
das Glück, das lächelnd sie umgibt,
mög' an des Eh'stands froher Schwelle
ihr das nur finden, was ihr liebt.
Reich sei an schönen Freuden euer Leben,
ein dauernd reines Glück sei euch gegeben.
(Aus einer alten Hochzeitskarte)

Wenn zwei Herzen

Wenn zwei Herzen sich begegnen
und vereint durchs Leben gehn,
wird der Herr mit reichem Segen
ihnen stets zur Seite stehn;
wird beschützen euren Bund,
früh und spät zu jeder Stund.
(Aus einer alten Hochzeitskarte)

Ein Riesenstück vom Glück

Das Glück hat heute Hochsaison,
ihr schwebt auf Wolken wie ein Ballon.
Ihr beide liebt euch wirklich sehr,
so stark, viel stärker geht's nicht mehr.

Ich wünsche euch vor allem Glück,
und davon gleich ein Riesenstück.
Und lasst euch von Vertrauen leiten
in guten und in schlechten Zeiten.

Trautes Heim

Der schönste Tag in eurem Leben,
er mag für euch der heut'ge sein.
Und euer Wunsch soll sich erfüllen:
ein trautes Heim mit Sonnenschein.

So schön wie dieser tolle Tag,
wenn ich's zu wünschen euch vermag,
soll's immer sein – jahrein, jahraus,
Kummer und Sorgen – sie nehmen Reißaus!

Rezept für eine gute Ehe

In der Ehe sind verboten
Streit und Tränen, böse Zoten,
mit dem Kopf nie durch die Wand,
dafür streicheln, allerhand
liebe Worte, süße Sachen,
Komplimente, oftmals lachen,
dass die Liebe nicht verstaubt.
Diese Dinge sind erlaubt.
Viel Humor noch obendrauf
und das Glück hört nie mehr auf!

Die Brautmutter: Die Zeit vergeht …

Ich traue meinen Augen kaum,
und dennoch – deutlich steht's im Raum:
Hier sitzt kein kleines Töchterlein,
hier sitzt die Tochter, hübsch und fein.

Und neben ihr, so ist's auch richtig,
ihr Ehemann, stolz und gewichtig.
Die Eltern taten schon ihr Bestes,
wir – die Hüter ihres Nestes.

Doch irgendwann, man glaubt es kaum,
wird aus dem Bäumchen halt ein Baum.
Ich weiß, der Mann, den sie zur Seite hat,
wird sie beglücken, und zwar satt!

Wir wünschen dir das Allerbeste,
für alle Zeit, nicht nur am Feste.
Und ist der Weg voll Schwierigkeiten,
sie werden weggeräumt beizeiten.

Der Fabian ist für dich da.
Ist er mal fern, ist er doch nah.
Seid ihr getrennt, wächst Sehnsucht schon –
zum Glück gibt's ja das Telefon!

Und kehrt er dann nach Haus zurück,
entflammt von Neuem schon das Glück.
So soll es sein für immerdar,
und alle Wünsche werden wahr!

Die Mutter des Bräutigams: Wer hätte das gedacht?

Mein lieber Sohn, wir sehn dich hier
nebst Braut – wir gratulieren dir!
Es wurde wohl auch höchste Zeit,
dass du die Sandra hast gefreit.

Und siehe da, es ist vollbracht!
Was so'ne Liebe doch ausmacht ...
Erst gestern schien's, als hört ich ihn:
„Mama, Papa, ich will ausziehn!"

Hätt ich damals nur geahnt,
was unser Sprössling alles plant!
Die Welt, die wollt er kennen lernen,
erst mal weg in weite Fernen.

Zurückgekehrt, stolz wie ein Pfau,
stellt' er sie vor – seine liebe Frau.
Ja, die jetzt zur Seit' ihm steht
und mit ihm in die Zukunft geht.

Wünschen kann man sich kaum mehr –
die Kraft der Liebe hilft ihm sehr.
Die beiden gehen ihren Weg.
Wir hoffen, 's ist ein fester Steg!

Der Bruder der Braut: Ein sehnlicher Wunsch

Ich möchte gratulieren dem Paare
und wünsche euch viele schöne Jahre
nach diesem grandiosen Ehe-Start.
Eure Liebe, die ist noch sehr zart.
Doch wird sie wachsen mit der Zeit
in guten Jahren und durch manches Leid.
Ihr sollt stets zusammenstehn,
und guten Mutes in die Zukunft sehn.

Jetzt wünsch ich mir ganz ungeniert,
dass bald was andres noch passiert.
Zum Onkel sollt ihr schnell mich machen,
das ist nicht schwer, macht keine Sachen!
Dann werden aus euch beiden drei –
das wünsch ich mir, ich bin so frei!

Das Jawort

Es heißt, man könne glücklich sein
auch ohne einen Heiratsschein.
Doch ihr zwei habt uns heut bewiesen,
auch wenn dabei die Tränen fließen,
warum man wohl das Jawort spricht,
weshalb man ist darauf erpicht!?
Ein Band ohne Ende, das ewig uns hält,
das ist es, was allen so gut gefällt.
Drum feiern wir mit euch das Fest
und wünschen euch beiden das Allerbest'.

Prüfe, wer sich ewig bindet

Bei euch ist die Liebe groß,
ihr seid das Junggesellenleben los.
Denn prüfe, wer sich ewig bindet,
damit er sich danach nicht windet.
Den ersten Test habt ihr schon mal bestanden
Und konntet vor dem Pfarrer landen.
Damit ihr stets zusammenbleibt,
bis in alle Ewigkeit,
braucht ihr Geduld und viel, viel Treue,
dann kommt es später nicht zur Reue,
dass ihr diesen Schritt getan,
drum fangt am besten heut noch an.
Doch jetzt soll's erst zur Feier gehn
die wird ein Hit, ihr werdet sehn.
Mir bleibt nur noch ein „Lebet hoch!"
auf euch – und auf den Hochzeitskoch.

Sonnenschein

Ich wünsche euch auf allen Wegen
Glück und Freude, niemals Regen.
Die Sonne soll für euch stets scheinen,
ihr sollt nur lachen, niemals weinen.
Und gibt es auch mal trübe Tage,
einmal 'ne schlechte Wetterlage,
dann denkt an diesen Tag zurück,
an eure Liebe, euer großes Glück!
Alles Gute!

Gedichte von Meisterhand

Wer es poetisch mag, der kann seine persönlichen Zeilen mit einem Gedicht von Goethe, Schiller & Co. kombinieren. Ob gefühlvoll-romantisch oder eher besinnlich – es sind Verse, die von Herzen kommen.

Freudvoll und leidvoll

Freudvoll
und leidvoll
gedankenvoll sein.
Hangen
und Bangen
in schwebender Pein.
Himmelhochjauchzend,
zu Tode betrübt,
glücklich allein
ist die Seele, die liebt.

JOHANN WOLFGANG VON GOETHE

Ihr seid nun eins

Auch allen künftigen Stunden,
nicht heut dem Tag allein,
soll dieser Segenspruch
von uns geweihet sein.

Ihr seid nun eins, ihr beiden,
wir sind mit euch eins.
Trinkt auf der Freude Dauer
ein Glas des echten Weins.

Und bleibt zu allen Zeiten
einander zugekehrt,
durch Streit und Zwietracht werde
nie euer Bund gestört.

JOHANN WOLFGANG VON GOETHE

Hochzeitsgedicht

Und wieder wallt ein lichter Schleier
Und bräutlich hell die Myrte glänzt,
Die wieder zu der schönsten Feier
Ein schönes Mädchenhaupt bekränzt;
Und wieder tritt mit leisem Beben
Und Hand in Hand jetzt zum Altar,
Um sich zu einen für das Leben,
Ein tief ergriffenes Menschenpaar.

Ja, wieder wird ein Bund geschlossen,
Der sich als echt bewähren soll –
Ein Bund, der Liebe nur entsprossen
Und wie kein andrer hoffnungsvoll;
Bestimmt einander durch ihr Wesen,
Erscheinen sie jedwedem Blick,
Die vor uns stehn, wie auserlesen
Zu einem herrlichen Geschick.

Der Strahl der Jugend fällt auf beide,
Und hold erglüht die schlanke Braut –
O seht sie nur im weißen Kleide,
Vom Himmelssegen übertaut!
Gleich einer sanfterschlossnen Blüte
Bringt sie sich dem Geliebten dar,
Im Antlitz ihrer Mutter Güte
Und seelenvolles Augenpaar.

( )

Mag auch des Abschieds Träne fließen,
Zieh nur getrost, du junges Paar!
Ihr seht der Liebe Rosen sprießen
Nicht heute bloß – nein, immerdar;
Und wie ihr, innig jetzt verwoben,
Auch innig aneinander glaubt:
Neigt segnend sich herab von oben
Ein teures und verklärtes Haupt!

Ferdinand von Saar

Ehespruch

Das ist die rechte Ehe,
wo zweie sind gemeint,
durch alles Glück und Wehe
zu pilgern treu vereint:
Der eine Stab des andern
und liebe Last zugleich,
gemeinsam Rast und Wandern,
und Ziel das Himmelreich.

Emanuel Geibel

Hochzeitslied

Wer doch durch des Festes Hallen
Wallet mit dem Kranz im Haar?
Ach, die Beste ist's von allen,
Sie, die uns die Liebste war.

Und wer tritt mit freud'ger Eile
Schön und stolz an ihre Hand?
Hier schoss Amor goldne Pfeile,
Und sein Bruder knüpft das Band.

Und ich seh' die Götter nieder-
Steigen mit der Scherze Chor,
Und ich singe Glückeslieder,
Und ich blicke froh empor.

Liebesleben, Glückesbande,
Langes Leben, ew'ges Fest!
Tauben durch des Friedens Lande,
Viele Jungen in das Nest!

Immer froh und ohne Sorgen!
Alles, alles muss gedeihn,
Und ihr sollt mit jedem Morgen
Glücklicher und jünger sein.

ADELBERT VON CHAMISSO

Der Eh'stand

Der Eh'stand ist alsdann beglückt,
wenn eins sich in das andre schickt,
wenn eins das andre liebt und scheut,
er nicht befiehlt, sie nicht gebeut,
und beide so behutsam sein,
als wollten's erst einander frei'n.
CHRISTIAN FÜRCHTEGOTT GELLERT

Des Herzens reine Güte

Und willst du das Geheimnis wissen,
das immer grün und unzerrissen
den hochzeitlichen Kranz bewahrt?
Es ist des Herzens reine Güte,
der Anmut unverwelkte Blüte,
die mit der holden Scham sich paart,
die gleich dem heitern Sonnenbilde
in alle Herzen Wonne lacht:
Es ist der sanfte Blick der Milde
und Würde, die sich selbst bewacht.
FRIEDRICH VON SCHILLER

Sei hochbeseligt

Sei hochbeseligt oder leide:
Das Herz bedarf ein zweites Herz.
Geteilte Freud ist doppelte Freude,
Geteilter Schmerz ist halber Schmerz.
CHRISTOPH AUGUST TIEDGE

Vater und Tochter über das Heiraten

Ja, Lieschen, freien ist wohl gut,
sprach Vater Kunz, doch besser tut,
wer gar nicht freit! So will ich dann
das Gute tun, fing Lieschen an,
das Bessre tue, wer es kann.

Johann Konrad von Einem

So schenkst du denn nun dem dein Herze

So schenkst du denn nun dem dein Herze,
Den dir, geliebte Braut, im Scherze
Die Liebe längstens prophezeit?
So überlässt du dich denn heute
Dem Schicksal aller lieben Bräute,
Mit freudiger Gelassenheit?

Doch soll dich der Verlust nicht rühren,
Den Namen – Fräulein – zu verlieren?
Nein, so ein Unglück macht nicht grau.
Wem wird das Herz darüber brechen?
Will man nicht gnäd'ges Fräulein sprechen:
So sagt man künftig gnäd'ge Frau.

Doch künftig darfst du es nicht wagen,
Den schönen Brautkranz mehr zu tragen,
Auf den itzt so viel Augen sehn.
Recht gut! Lass dir den Brautkranz nehmen.
Wer wird sich denn deswegen gramen?
Lässt eine Haube nicht auch schön?

Indem du es für gut befindest.
Und durch die Ehe dich verbindest,
Verlierst du zwar die Freiheit früh.
Allein wer kann sie stets bewahren?
Lass doch die Freiheit ruhig fahren,
Ein Mann ist doch mehr wert als sie.

Wer freit, pflegt man euch zu erschrecken,
Wird manchen Kummer sich erwecken.
Allein was ist es denn nun mehr?
Die Ehe hat auch schöne Morgen.
Wer liebt, der stirbt nicht leicht von Sorgen;
Vor Liebe fühlt er sie nicht sehr.

Durch Liebe, heißt man euch erwägen,
Durch Liebe kommt der Ehesegen
Mit vieler Unruh in das Haus.
Gut! Lasst die kleinen Erben schreien;
Denn wollte darum niemand freien:
So stürbe ja der Erdkreis aus.

Die stärksten Zweifel sind gehoben.
Wer liebt, ist allemal zu loben;
Wer liebt, kann stets zufrieden sein.
Und ohn erst den Kaffee zu fragen,
Kann ich, o Braut, es sicher wagen
Und tausend Glück dir prophezeihn.

CHRISTIAN FÜRCHTEGOTT GELLERT

Liebe, die von Herzen liebt

Liebe, die von Herzen liebt,
ist am reichsten, wenn sie gibt;
Liebe, die von Opfern spricht,
ist schon rechte Liebe nicht.

EMANUEL GEIBEL

Hochzeitswunsch

Seid glücklich hier und dort,
seid selig denn gepreist,
ihr, die man heute Braut und Bräutigam euch heißt!
Seid morgen Mann und Frau, seid Eltern übers Jahr;
so habt ihr denn erlangt, was zu erlangen war.

FRIEDRICH VON LOGAU

Buch des Lebens

Hass als minus und vergebens
Wird vom Leben abgeschrieben.
Positiv im Buch des Lebens
Steht verzeichnet nur das Lieben.
Ob ein Minus oder Plus
Uns verblieben, zeigt der Schluss.

WILHELM BUSCH

Zitate und Bonmots

Sprichwörter und Lebensweisheiten zum Thema Liebe und Ehe können ebenso wie gereimte Verse den Kartengruß zur Hochzeit ergänzen. Hier ist ein bunter Strauß solcher scharfsinniger Gedanken zusammengestellt. Auch Festredner zitieren gern diese geschliffenen Worte – als thematischer Aufhänger, als effektvolle Pointe oder als humorvolle Randbemerkung.

Die Liebe lebt von liebenswürdigen Kleinigkeiten.
Theodor Fontane

Die Ehe ist genauso viel wert wie die, welche sie schließen.
Friedrich Nietzsche

Die Liebe allein versteht das Geheimnis, andere zu beschenken und dabei selbst reich zu werden.
Clemens Brentano

Das eben ist der Liebe Zaubermacht, dass sie veredelt, was ihr Hauch berührt, der Sonne ähnlich, deren goldner Strahl Gewitterwolken selbst in Gold verwandelt.
Franz Grillparzer

Liebe ist ein Glas, das zerbricht, wenn man es zu unsicher oder zu fest fasst.
Russisches Sprichwort

Das größte Glück des Lebens besteht darin, geliebt zu werden, geliebt um unserer selbst willen, vielleicht sogar trotz unserer selbst.
Victor Hugo

Das ist das Größte, was dem Menschen gegeben ist: dass es in seiner Macht steht, grenzenlos zu lieben.

Theodor Storm

Vertrauen und Achtung, das sind die beiden Grundpfeiler der Liebe, ohne welche sie nicht bestehen kann; denn ohne Achtung hat die Liebe keinen Wert und ohne Vertrauen keine Freude.

Heinrich von Kleist

Die Freundschaft und die Liebe sind zwei Pflanzen aus einer Wurzel. Die Letztere hat nur einige Blumen mehr.

Friedrich Gottlieb Klopstock

Nichts kann den Menschen mehr stärken als das Vertrauen, das man ihm entgegenbringt.

Adolf von Harnack

Gleichheit ist immer das feste Band der Liebe.

Gotthold Ephraim Lessing

Nenne mir den weiten Mantel, drunter alles sich verstecket;
Liebe tut's, die alle Mängel gerne hüllt und fleißig decket.

Friedrich von Logau

Es gibt keine schönere, freundlichere und bezauberndere Verbindung oder Gemeinschaft als eine gute Ehe.

Martin Luther

Das Erste in der Liebe ist der Sinn füreinander, und das Höchste der Glaube aneinander.

Friedrich Schlegel

Eheleute, die sich lieben, sagen sich tausend Dinge, ohne zu sprechen.
CHINESISCHES SPRICHWORT

Glücklich der Mann, der die Stimme seiner Frau immer hören kann, bis ihr junges schwarzes Haar alt und weiß geworden ist.
JAPANISCHES SPRICHWORT

Die Liebe ist die einzige Leidenschaft, die sich mit selbst geprägter Münze bezahlt.
STENDHAL

Omnia vincit amor. Alles besiegt die Liebe.
VERGIL

Der Frieden ist die Grundlage des ehelichen Glücks.
AUS DEM TALMUD

In der Liebe genügt es, einander durch seine liebenswürdigen Eigenschaften und durch seine Annehmlichkeiten zu gefallen; in der Ehe aber muss man, um glücklich zu sein, aneinander seine Fehler lieben oder wenigstens sich ihnen anpassen.
NICOLAS DE CHAMFORT

Der verlorenste aller Tage ist der, an dem man nicht gelacht hat.
NICOLAS DE CHAMFORT

Ob zwei Leute gut getan haben, einander zu heiraten, kann man bei ihrer silbernen Hochzeit noch nicht wissen.
MARIE VON EBNER-ESCHENBACH

In einem Augenblick gewährt die Liebe, was Mühe kaum in langer Zeit erreicht.
JOHANN WOLFGANG VON GOETHE

Die Liebe hat zwei Töchter: die Güte und die Geduld.
Sprichwort

Nicht rückhaltlose Offenheit ist die Basis einer guten Ehe, sondern kluge Zurückhaltung.
Volksweisheit

In einer guten Ehe fügen sich Himmel und Erde zusammen.
Brasilianisches Sprichwort

Eine gute Ehe beruht auf dem Talent zur Freundschaft.
Friedrich Nietzsche

Ehen werden im Himmel geschlossen. Aber dass sie gut geraten, darauf wird dort nicht gesehen.
Marie von Ebner-Eschenbach

Die schönsten Erinnerungen sammelt man immer zu zweit.
Luise Rinser

Liebe ist kein Solo, Liebe ist ein Duett. Schwindet sie bei einem, verstummt das Lied.
Adelbert von Chamisso

Die zweite Ehe ist der Triumph der Hoffnung über die Erfahrung.
Samuel Johnson

Ich will dir einen Liebestrank verraten ohne Arznei, ohne Heilkräuter, ohne den Zauber irgendeiner Giftmischerin: Wenn du geliebt werden willst, so liebe.
Hekaton von Rhodos

Gratulation der Hochzeitsgäste

Die Trauung ist vorüber, man freut sich auf das Fest. Ob direkt nach der Zeremonie oder beim anschließenden Sektempfang – jeder Gast möchte dem Brautpaar ganz persönlich gratulieren. Oft ist während oder nach dem gemeinsamen Kaffeetrinken die beste Zeit, die Glückwünsche und Geschenke dem Brautpaar zu überreichen. Das kann in Form einer kleinen Rede sein oder Sie schreiben einige Zeilen auf eine Glückwunschkarte.
Ob Arbeitskollegen, Fußballfreunde oder Tennispartner – für jeden Gast ist in diesem Kapitel eine kurze Ansprache oder ein Gedicht dabei. Es steht Ihnen natürlich frei, den einen oder anderen Text zu verändern, sodass er noch besser zu Ihnen und zum Brautpaar passt.

Glückwünsche von Freunden und Verwandten

Trauzeugen, Geschwistern und guten Freunden liegt viel daran, den Hochzeitern ein paar persönliche Worte mit auf den gemeinsamen Lebensweg zu geben.

Der Trauzeuge

Liebe Sandra, lieber Fabian,
ich bin stolz, dass ihr mich zum Trauzeugen gewählt habt. Wie auch ihr hoffe ich, dass eure Ehe überglücklich wird. Ihr wisst, gibt es einmal Probleme, habe ich immer ein offenes Ohr für euch. Doch an diesem schönen Tag wollen wir einfach feiern und nur an die glückliche Zukunft denken. Ich wünsche euch alles Gute dafür.

Die Trauzeugin

Liebes, frisch gebackenes Ehepaar,
als Trauzeugin habe ich eine Aufgabe und Verantwortung übernommen. Wäre ich nicht sicher gewesen, dass ihr beiden prima zusammenpasst, hätte ich dies gar nicht gewagt. So aber bin ich zuversichtlich, dass ihr am Anfang vieler glücklicher Ehejahre steht. Behaltet diesen Tag in guter Erinnerung. Denkt in schweren Stunden daran zurück, wie glücklich ihr an diesem Tag wart. Die schöne Erinnerung hilft euch über schwere Stunden hinweg. Doch jetzt lasst uns diesen unvergesslichen Tag feiern!

Die Schwester der Braut

Liebe Sandra,
von Anfang an habe ich dir gesagt, der Fabian ist der Richtige für dich. Auch mir würde er gut gefallen. Aber sei beruhigt, ich bin ja schon glücklich verheiratet. So viel Glück, wie auch ich bisher erlebt habe, wünsche ich euch beiden von ganzem Herzen.

Der Schwager der Braut

Es waren einmal zwei schöne Schwestern. Die eine wurde vor zwei Jahren von ihrem Prinzen gefreit und gebar bald darauf ein kleines Prinzesschen. Die andere fand auch sehr schnell ihren Traumprinzen. Der führte sie bald zum Altar. Und sie feierten ein rauschendes Fest bis tief in die Nacht. Die zweite Schwester wurde von der ersten Schwester und deren Prinzen reich mit Segen beschenkt. Und so wurde sie mit ihrem Traumprinzen glücklich bis ans Lebensende.
Dass dieses Märchen wahr wird, wünsche ich euch von ganzem Herzen.

Ein alter Freund der Braut

Lieber Fabian,
du hast das große Los gezogen. Deine Sandra war schon immer ein begehrenswertes Mädchen. Dass sie dich gewählt hat, spricht sehr für dich. Ich wünsche euch beiden viel Freude und wenig Kummer – mindestens bis zur goldenen Hochzeit.

Die Schwester des Bräutigams

Liebe Sandra,
Fabian war schon immer das Nesthäkchen in der Familie. Hüte dich, er ist sehr verwöhnt. Aber seit er dich kennt, hilft er auch schon mal im Haushalt mit. Wir kennen das von ihm nicht. Unsere Mutter und ich mussten ihm immer alles nachtragen. Da sieht man mal, was Liebe bewirken kann. Ich wünsche dir von Herzen, dass das so bleibt. Und natürlich auch meinem Brüderchen alles Gute!

Ein befreundetes Ehepaar

Wir waren wohl fast die einzigen Augenzeugen, als Sandra und Fabian von Amors Pfeil getroffen wurden. Für uns war es am Anfang ganz schön spannend, ob diese Liebe gut gehen kann. Aber schon bald haben wir erkannt, die zwei passen wirklich optimal zusammen. Hoffentlich verbringen wir zu viert noch viele lustige Stunden. Was Amor mit seinem Pfeil bezweckt hat, soll ewig halten.
Alles Gute!

Der Patenonkel

Vor 25 Jahren hielt ich dich, liebe Sandra, über das Taufbecken. Heute durfte ich dabei sein, wie du in dieser Kirche wieder ein wichtiges Ereignis gefeiert hast. So stolz wie zur Taufe bin ich auch heute auf dich. Deine Liebe zu Fabian soll ewig halten. Ich wünsche euch dazu alles Glück.

Ein Fußballkamerad des Bräutigams

Lieber Fabian,
heute hast du das wichtigste Tor in deinem Leben geschossen: einen Elfmeter der Liebe! Wir alle, die Zuschauer waren, gratulieren dir dazu herzlich. Denn mit deiner Frau hast du wirklich das große Los gezogen. Vielleicht muss sie dir ab und zu auch mal die gelbe Karte zeigen. Dann heißt es Vorsicht – jetzt die Liebste nicht noch einmal ärgern. Doch ein paar kleine Verwarnungen gehören wohl zum Ehealltag. Doch vor einem hüte dich – reize sie niemals so sehr, dass sie Rot zieht. Denn schließlich sollst du ab heute viele Jahre auf dem Feld der Ehe stehen. Ich wünsche dir dabei eine gute Kondition, viel Durchhaltevermögen – und Glück gehört sowieso dazu.

Der Tennispartner des Bräutigams

Spiel, Satz und Sieg – so heißt es heute für dich, lieber Fabian. Du hast deine Chance genutzt und eine Traumfrau vor den Traualtar geführt. Die Ehe ist kein Spiel und doch gibt es gewisse Ähnlichkeiten. So solltest du immer die Spielregeln beachten – Treue, Verständnis und Liebe gehören zu einer guten Ehe. Einen Schiedsrichter gibt es zwar nicht, aber ihr beide solltet den anderen immer mal wieder an die korrekte Spielweise erinnern. Lasst euer Eheleben zum großen Matchgewinn werden. Ich wünsche euch viel Glück dazu!

Eine Cousine der Braut

Liebe Sandra, lieber Fabian,
ich wünsche euch auf eurem gemeinsamen Lebensweg alles Gute! Sandra hat mir in ihren Briefen schon mehrmals von ihrem „Auserwählten" vorgeschwärmt. Heute konnte ich mich selbst überzeugen: Sie hat wirklich eine gute Wahl getroffen.
Früher, wenn du, Sandra, mich in den Ferien besucht hast, haben wir oft davon geträumt, später einmal ganz in Weiß zu heiraten. Auch unseren Traumprinzen haben wir uns genau ausgemalt. Und ich denke, er hat mit Fabian sehr viel Ähnlichkeit. Nicht allein das Äußere, auch die Wesenszüge sind so, wie du es dir immer gewünscht hast.
Apropos wünschen – ich wünsche euch alles Glück der Erde und freue mich, diesen besonderen Tag heute mit euch feiern zu dürfen.

Ein Arbeitskollege der Braut

Liebe Sandra,
seit Jahren verbringen wir – in der Arbeit tagein, tagaus – die Zeit gemeinsam Schreibtisch an Schreibtisch. Beruflich sind wir fast ein „altes Ehepaar".
Doch in deinem Privatleben spielt natürlich Fabian schon lange die wichtigste Rolle; mit ihm teilst du mehr als den monotonen Arbeitsalltag. Möge er dir immer beistehen, so wie ich dir in beruflichen Dingen immer beistehen werde. Euch beiden alles Glück der Welt!

Glückwunschgedichte

Die folgenden Glückwünsche in gereimter Form können vor versammelter Hochzeitsgesellschaft vorgetragen werden – einige allerdings erst nach dem feierlichen Mahl, denn sie beziehen sich auch auf das gelungene Fest.

Endlich!

Nun endlich habt ihr es getan –
es wurde ja auch wirklich Zeit.
Wie lange lebte ich im Wahn:
Der Hochzeitstag, der ist noch weit.

Doch denkste! habt ihr euch gesagt,
wir werden's allen zeigen!
Und habt es wirklich jetzt gewagt –
nun will ich mich verneigen.

Das Fest, es ist mir unvergesslich.
Ich hab mich herrlich amüsiert.
Die Schlemmerei'n war'n sehr genüsslich,
und euer Glück – ich war gerührt!

Speis und Trank war'n reichlich da,
ich hoff, ich muss nicht heimwärts wanken!
Es gab Musik und Umtata –
ich möcht euch dafür danken!

Und nicht zuletzt wünsch ich euch Glück,
und davon nicht zu wenig.
Am besten wär ein großes Stück,
und schon ist man ein König!

An Braut und Bräutigam

Ein weiter Weg liegt nun vor euch,
ein Weg durch Freud und Leiden.
Er bringt euch nah, er macht euch firm
und gönnt das Glück euch beiden.

Es kann nicht immer Sonntag sein,
es gibt auch graue Stunden.
Dann fragt man sich nach dem Rezept,
das ihr zu zweit gefunden.

Am besten ist, ihr bleibt zufrieden,
was immer auch geschehen mag.
Denn selbst den bösesten Gewittern
folgt garantiert ein schöner Tag!

Stürmische See?

Die Zukunft soll euch reich beschenken,
das wünschen wir euch heut.
Das Glück soll euch auch oft bedenken
wie alle netten Leut.

Die Ehe wird euch Höhen bringen,
doch wohl auch manche Tiefen.
Das Gute kann man nicht erzwingen,
nichts lässt sich einfach so hochhieven.

Umschifft nur mit Erfolg die Klippen,
das ist's, was ich euch so sehr wünsch.
Dann könnt ihr euch im Glücke wippen
und seid mit Unglück nicht im Clinch!

Ein Fass voller Glück

Nun habt ihr euch denn jüngst vermählt
und seid des Glückes voll.
Dass ihr den richt'gen Weg gewählt,
das find ich richtig toll!

So wünsch ich euch auch alles das,
was dieses Glück so braucht:
Damit's reinpasst, ein großes Fass.
Weg mit dem Drachen, der da faucht!

Und alle, die euch böse wollen –
nehmt sie einfach gar nicht wahr.
Greift ungeniert jetzt in die Vollen –
das Glück wird bleiben, Jahr um Jahr!

Ich weiß, ihr werdet euch noch küssen,
wenn eure goldne Hochzeit ist.
Ihr fragt: Wie will ich das denn wissen?
Ich sag: Ich rede keinen Mist!

Ich hab es halt so im Gefühl,
ihr könnt es mir ruhig glauben.
Ich wünsch euch Glück, und davon viel.
Und keiner kann's euch rauben!

Schwein muss man haben

Das Hochzeitsfest war schön wie nie,
das ging mir richtig in die Knie.
Euch das Jawort sagen hören,
konnt mich in hohem Maß betören.

Die Braut, sie war so schön und hold,
der Bräutigam ein Kerl aus Gold!
Die Feier hat mich hoch erfreut,
mein Hiersein hat mich nicht gereut.

Das Essen, Trinken und die Gäste,
von allem gab es nur das Beste.
So möcht' ich euch noch gratulieren
und an Fortuna appellieren.

Ihr sollt nur haben Sonnenschein
in eurem Leben und viel Schwein!
Denn ohne dieses rosa Tierchen
geht uns so manches an die Nierchen.

Doch keine Sorge, liebe Leute –
ihr seid des Glückes fette Beute!

Ihr lieben zwei

Ein dreimal Hoch zu dieser Stund'
auf euern jungen Ehebund,
der nun in vielen frohen Jahren
nur lauter Gutes mög' erfahren.

Wir wünschen im Familienkreis,
daß jeder von euch beiden weiß,
wie man – auf Lebenszeit verbandelt –
den Partner mit Geschick behandelt.

Es tut der Mensch, so viel er kann,
und schafft nach besten Kräften an –
jedoch das Herz ist Trumpf im Spiel
und Harmonie das höchste Ziel.

So hoffen wir an diesem Tag,
der froh gestimmt verlaufen mag,
daß ihr in aller Folgezeit
in echtem Glück verbunden seid!

Frohe Kunde

Niemand hatte es gedacht,
alle haben nur gelacht,
als ihr gabt die frohe Kunde,
und die war gleich in aller Munde.

Um so mehr hat es gefreut,
dass ihr es getan habt heut!
Nun lacht keiner mehr verächtlich,
und das freut mich ganz beträchtlich.

Allen habt ihr es gezeigt,
sodass jetzt mancher lieber schweigt.
Für Unkenrufe ist kein Platz,
ums „Glück“ dreht heut sich jeder Satz.

Ich wünsch euch zwei das Allerbeste,
Glück, Gesundheit, frohe Feste,
Sonnenschein auf allen Wegen
und ganz wenig Sturm und Regen.

Verse für Geschenke

Eine hübsche Idee ist es, ein Gedicht auf das Hochzeitsgeschenk abzustimmen. Die passenden Verse schreiben Sie am besten auf Ihre Glückwunschkarte für den Fall, dass bei der Übergabe nicht genügend Zeit bleibt, um ausführlich zu Wort zu kommen.

Geldgeschenk

Wer euch beide kennt und liebt,
euch heute etwas Schönes gibt.
Ich hab diesen Strauß gebracht.
Hättet ihr zwei denn gedacht,
dass sich darin mehr versteckt? –
Eure Neugier ist geweckt?
Drum schaut beide flugs mal nach,
es ist nicht dick, es ist ganz flach.

Scheine hab ich reingebunden,
sind sie etwa gar verschwunden?
Nein, ich sehe sie genau:
Sie sind groß und sie sind blau.
Davon sollt ihr euch was kaufen,
in die Stadt konnt ich nicht laufen.
Deshalb schenke ich euch Geld,
hoffe, dass euch das gefällt.

Blumenvase

Ich bin eure Base,
schenke eine Vase
mit 'nem bunten Blumenstrauß
als hübsche Zier für euer Haus.

Geschirr

Dies ist feinstes Porzellan,
seht es euch genauer an.
Es dient eurem Tisch zur Zier,
und es ist nicht nur für vier,
sondern gleich für 12 Personen,
schließlich soll es sich ja lohnen.
Dekor und Farben sind modern,
alles andre liegt euch fern.
Umtausch ist nicht ausgeschlossen,
seid drum beide nicht verdrossen,
wenn es euch nicht sehr gefällt,
bricht zusammen keine Welt.

Service

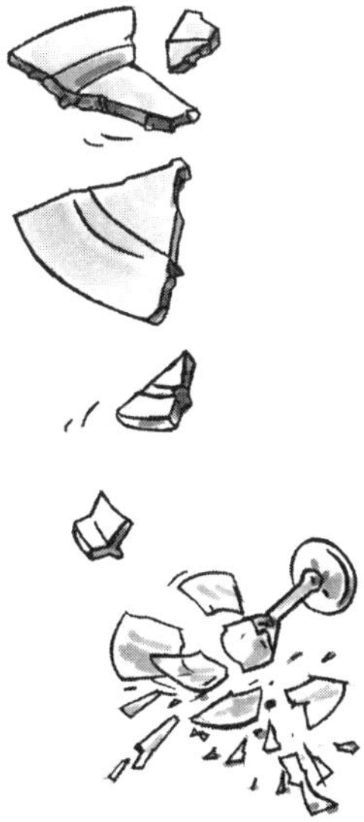

Diesen Tag will ich heut krönen,
ihn euch noch viel mehr verschönen.
Ein Geschenk hab ich gebracht,
hoffe, dass das Herz euch lacht.

Habe lange nachgedacht,
wie man euch 'ne Freude macht.
Kam dann endlich zum Entschluss,
dass es Porzellan sein muss.

Denn Liebe geht auch durch den Magen,
lasst es euch von mir nur sagen!
Von den Tellern, aus den Tassen,
könnt ihr es euch schmecken lassen.

Und geht einmal etwas zu Bruch,
denkt nicht gleich, es wär ein Fluch!
Nein, denn Scherben bringen Glück.
Schaut nach vorne, nicht zurück!

Bücher

Euren neuen Bücherschrank,
der so groß, so breit und lang,
will ich füllen mit zehn Bänden.
Nehmt sie mir jetzt aus den Händen,
denn sie sind so dick und schwer,
hoffe, sie gefallen sehr.
Große Werke wollt ihr haben
zwischen all den andren Gaben.

Ob Fontane oder Miller,
Goethe, Grass oder Herr Schiller –
es ist wunderbare Dichtung,
hab ich getroffen eure Richtung?
Wünsche euch viel Spaß beim Lesen,
so – das ist es dann gewesen!

Küchenmaschine

Obst, Gemüse kleinpürieren,
schlagen, pressen, kneten, rühren.
Dies Gerät schafft's spielend leicht,
wenn die eigne Kraft nicht reicht.
Es soll aber nicht allein
nur der Frau zu Diensten sein.
Hilfe bietet's auch dem Mann,
der damit gut kochen kann.

Bettwäsche

In dem neuen Ehebett
ist's gemütlich, nicht, ich wett!
Doch damit es kuschelweich,
schenke ich euch jetzt sogleich:
bunte Wäsche für das Bett,
seidig glänzend und adrett.

Hochzeitsreise

Was wir uns haben ausgedacht,
ist was Besondres, gebt fein Acht.
Eine Reise soll es sein
für euch beide ganz allein.

Wohin es geht, fragt ihr euch nun,
nach Schweden, Bali, Kamerun?
Nein, in die Stadt der Liebe sollt ihr fahren,
wo wir beide auch schon waren.

Macht euch dort vier schöne Tage,
ihr bekommt auch noch Zulage.
Geht damit mal ganz groß aus,
lebt 'nen Tag in Saus und Braus.

Wir wünschen euch dabei viel Spaß,
viel Sonnenschein und dies und das.

Waffeleisen

Ihr liebt Süßes aller Art:
Kuchen, Torten, cremig-zart.
Doch wenn's einmal schnell gehn muss,
nehmt dies Gerät aus schwerem Guss.
Damit könnt ihr eins, zwei, drei
Waffeln backen mit viel Ei!

Ach, wie delikat die schmecken –
man wird sich die Finger lecken
nach solch herrlich zartem Kuchen.
Und komm ich euch demnächst besuchen,
wollen wir uns amüsieren –
und die Waffeln auch probieren!

Gästebuch

Liebes Brautpaar, schaut mal her.
Das schenke ich euch, bitte sehr:
Dies wunderbare Gästebuch
merkt sich, wer war zu Besuch.
Dann wisst ihr noch in vielen Jahren,
dass wir bei eurer Hochzeit waren.
Ich schreib schon mal ein Sprüchlein rein,
das soll was ganz Besondres sein.
Auch alle Leute, groß und klein,
tragen sich nach mir dann ein.

Pfannen-Set

Zum Kochen und zum Braten
bring ich euch dieses Set.
Es ist von eurem Paten
für Schnitzel und Omelette.

Wanduhr

Wir Freunde haben zusammengelegt
und euren Wunsch, den ihr gehegt,
gleichsam im Kollektiv erfüllt.
Seht her, dann seid ihr gleich im Bild:
Diese elegante Uhr
zähle heitere Stunden nur,
zeige euch auf Jahre weit
immer eine schöne Zeit.

Kochbuch

Kochen ist 'ne Wissenschaft.
Damit ihr beiden es gut schafft,
schenke ich in einem Leinentuch
euch ein großes „Grundkochbuch".
Hiermit seid ihr gut beraten
und lernt kochen, backen, braten.

Dichterworte an Braut und Bräutigam

In diesem Kapitel sind Gedichte in klassisch-traditioneller Versform zusammengestellt, geschrieben von bekannten und weniger bekannten Dichtern. Die Texte befassen sich mit den beiden Hauptpersonen – Braut und Bräutigam – und ihrem neuen Lebensabschnitt. Auch wenn sich heute manches in der Beziehung der Ehepartner geändert hat, einige zeitlose Weisheiten kann man hier allemal finden. Die Verse enthalten jedoch nicht nur Bleibendes und Bedenkenswertes, sondern geben auch Anlass zum Schmunzeln.

Die rechte Führung

Wenn es abends auf den Gassen
Regnet, dass sie Sümpfen gleichen,
Musst Du's weislich unterlassen,
Deiner Frau den Arm zu reichen.

Gehst du selbst auf trocknen Steinen,
Tritt die Frau in alle Pfützen;
Suchst du dann für sie die reinen,
Wirst du dich und sie bespritzen.

Darum merk es dir, mein Bester!
Immer helfen will nichts taugen,
Und wir stehen oftmals fester,
Wenn wir keinen Stab gebrauchen.
HEINRICH HOFFMANN

Zur Hochzeit

Seht unsern Freund! Nicht mehr allein
Will er in seinem Stüblein sein
Und Trübsal blasen. Lieb und warm
nimmt er ein Weiblein in den Arm.

Fürwahr, das hat er gut gemacht,
Denn immer länger wird die Nacht.
Der Winter kommt mit schnellem Schritt
Und bringt viel trübe Stunden mit.

Und Schnee und Reif und rote Nas'.
Und kommt der Frühling, wisst ihr was?
So sehr ihn Laub und Blüte kränzt,
Ist auch nicht alles Gold, was glänzt.

Und wenn der Vogel singend schwebt
Bald mit der Sie ein Nestlein webt.
Und alles liebt und tut sich schön,
Ist's auch kein Spaß, nur zuzusehn.

Drum wohl dem Mann zu dieser Frist,
Der klug, wie du, o Freund, es bist,
Mit einer Gattin lieb und traut
Sein eignes stilles Nestlein baut.

Heil sei dir und dem Weiblein zart,
Mit dem die Liebe dich gepaart,
Dein froher Mut jahrein und -aus
Und Gottes Segen wohn' im Haus!

JOHANN PETER HEBEL

Das Bräutlein

Als ein Bräutigam die erste Nacht
Sein Bräutlein hat zu Bett gebracht,
Wollt er solche Scherzen treiben,
Wie an diesem Ort gemein und gilt;
Das Bräutlein aber, ziemlich wild,
Sagt, er soll's lieber lassen bleiben.

Er wusste aber bald Rat dazu,
Sprach: „Wenn du fürchtest, dass dir's weh tu,
Sollst mich in den Finger beißen,
Den ich dir hin leg in den Mund."
Darauf zu scherzen bald begunnt
Und tut sich bass befleißen.

Der Handel, da er war vollend't
Der Bräutigam fragt sein Bräutlein behend:
„Sag mir mit gutem Gewissen,
Ob ich dir jetzt hab weh getan?"
„O nein", – sagt's – „lieber Bräutigam,
Hab ich dich auch drum nicht gebissen!"
VOLKSTÜMLICH

Die Mitgift

Mit gift'gem Weib ist lebenslang gequält,
Wer sich ein Weib der Mitgift wegen wählt;
Denn Gift bleibt Gift, von welcher Art es sei,
Und solche Hochzeit ist Giftmischerei.

A. H. HOFFMANN VON FALLERSLEBEN

Der Liebe Glut

Es geht am End, es ist kein Zweifel,
Der Liebe Glut, sie geht zum Teufel.
Sind wir einmal von ihr befreit,
Beginnt für uns die bessre Zeit,
Das Glück der kühlen Häuslichkeit.
Der Mensch genießet dann die Welt,
Die immer lacht fürs liebe Geld.
Er speist vergnügt sein Leibgericht
Und in den Nächten wälzt er nicht
Schlaflos sein Haupt, er ruhet warm
In seiner treuen Gattin Arm.

HEINRICH HEINE

Selbst die glücklichste der Ehen

Selbst die glücklichste der Ehen,
Tochter, hat ihr Ungemach;
Selbst die besten Männer geben
Öfters ihren Launen nach.
Wer sich von dem goldnen Ringe
Goldne Tage nur verspricht,
O, der kennt den Lauf der Dinge
Und das Herz des Menschen nicht.

Manche wirft sich ohne Sorgen
In des Gatten Arm wie du
Und beweint am andern Morgen
Ihre Freiheit, ihre Ruh.
Aus dem Sklaven ihrer Blicke
Wird ein mürrischer Tyrann;
Banger Kummer folgt dem Glücke,
Das mit ihrem Traum zerrann.

Doch dein Glück dir selbst zu schaffen,
Tochter, steht in deiner Hand:
Die Natur gab dir die Waffen,
Gab dir Sanftmut und Verstand.
Lerne deines Gatten Herzen
Liebevoll entgegengehn,
Leichte Kränkungen verschmerzen,
Kleine Fehler übersehn.

Friedrich Wilhelm Gotter

Witziges und Ironisches

Nicht wenige Gedichte nehmen die Brautleute ein wenig auf die Schippe. Diese Form des Spotts und der feinen Ironie lassen sich die Hochzeiter allerdings gern gefallen!

O wie lieblich

O wie lieblich, o wie schicklich,
Sozusagen herzerquicklich,
Ist es doch für eine Gegend,
Wenn zwei Leute, die vermögend,
Außerdem mit sich zufrieden,
Aber von Geschlecht verschieden,
Wenn nun diese, sag ich, ihre
Dazu nötigen Papiere
sowie auch die Haushaltssachen
Endlich mal in Ordnung machen
Und in Ehren und beizeiten
Hin zum Standesamte schreiten,
Wie es denen, welche lieben,
vom Gesetze vorgeschrieben,
Dann ruft jeder freudiglich:
„Gott sei Dank! Sie haben sich!“

Wilhelm Busch

Die Eheleute

Die Eheleute müssen gute Zähne haben,
denn sie müssen gar oft etwas verbeißen.
Die Eheleute müssen gute Finger haben,
denn sie müssen gar oft durch dieselben schauen.
Die Eheleute müssen einen guten Rücken haben,
denn sie müssen gar oft viel ertragen.
Die Eheleute müssen einen guten Magen haben,
denn sie müssen gar oft viel harte Brocken schlucken.
Die Eheleute müssen eine gute Leber haben,
denn es kriecht ihnen gar oft etwas darüber.
Die Eheleute müssen gute Füße haben,
denn es drückt sie der Schuh gar vielfältig.
Mit einem Wort: – Patientia – Geduld,
das ist die erste Haussteuer,
so die Eheleute haben müssen.

Abraham a Santa Clara

Die glückliche Ehe

Gedankt sei es dem Gott der Ehen!
Was ich gewünscht, hab ich gesehen:
Ich sah ein recht zufriednes Paar;
Ein Paar, das ohne Gram und Reue,
Bei gleicher Lieb und gleicher Treue
In kluger Ehe glücklich war.

Ein Wille lenkte hier zwei Seelen.
Was sie gewählt, pflegt er zu wählen,
Was er verwarf, verwarf auch sie.
Ein Fall, wo andre sich betrübten,
Stört' ihre Ruhe nie. Sie liebten
Und fühlten nicht des Lebens Müh.

Da ihn kein Eigennutz verführte
Und sie kein eitler Stolz regierte:
So herrschte weder sie noch er.
Sie herrschten, aber bloß mit Bitten.
Sie stritten, aber wenn sie stritten,
Kam bloß ihr Streit aus Eintracht her.

So wie wir, eh wir uns vermählen,
Uns unsre Fehler klug verhehlen,
Uns falsch aus Liebe hintergehn:
So ließen sie auch in den Zeiten
Der zärtlichsten Vertraulichkeiten
Sich nie die kleinsten Fehler sehn.

Der letzte Tag in ihrem Bunde,
Der letzte Kuss von ihrem Munde
Nahm wie der erste sie noch ein.
Sie starben. Wann? – Wie kannst du fragen?
Acht Tage nach den Hochzeittagen;
Sonst würden dies nur Fabeln sein.

Christian Fürchtegott Gellert

Selig sind die Auserwählten

Selig sind die Auserwählten,
Die sich liebten und vermählten;
Denn sie tragen hübsche Früchte.
Und so wuchert die Geschichte
sichtbarlich von Ort zu Ort.
Doch die braven Junggesellen,
Jungfern ohne Ehestellen,
Welche ohne Liebeserben
So als Blattgewächse sterben,
Pflanzen sich durch Knollen fort.

Wilhelm Busch

Die Liebe war nicht geringe

Die Liebe war nicht geringe.
Sie wurden ordentlich blass;
Sie sagten sich tausend Dinge
Und wussten noch immer was.

Sie mussten sich lange quälen,
Doch schließlich kam's dazu,
Dass sie sich konnten vermählen.
Jetzt haben die Seelen Ruh.

Bei eines Strumpfes Bereitung
Sitzt sie im Morgenhabit.
Er liest in der Kölnischen Zeitung
Und teilt ihr das Nötige mit.

Wilhelm Busch

Ehe-Gewohnheiten

Entstehen unter jungen Eheleuten gern Zwistigkeiten, so ist auch die Versöhnung desto leichter gestiftet. (…) Dazu kommen dann nach und nach Gewohnheit, Bedürfnis, miteinander zu leben, gemeinschaftliches Interesse, häusliche Geschäfte, die uns nicht viel Zeit zu müßigen Grillen lassen, Freude an Kindern, geteilte Sorgfalt über derselben Erziehung und Versorgung, welches alles, statt die Last des Ehestandes zu erschweren, in den Jahren, wo Jugend, Kräfte und Munterkeit mitwirken, dies Joch sehr süß machen und Freuden gewähren, die durch Teilung mit einer Gattin doppelt schmackhaft werden.

Adolph Freiherr von Knigge

Allerlei Sprüche zur Hochzeit

Ein Bonmot oder eine geistreiche Pointe sind erlaubt. Für Gäste mit schwarzem Humor gilt allerdings: Boshaftigkeiten haben auf keiner Hochzeitsfeier Platz!

Wer entbehrt der Ehe,
lebt weder wohl noch wehe.
Karl Simrock

Die wahre Liebesgeschichte beginnt am Traualtar; denn vor dem Ehepaar liegt nun der schönste Wettbewerb, wer weiser und großzügiger sei.
Robert Louis Stevenson

Eine Vernunftehe schließen, heißt in den meisten Fällen, all seine Vernunft zusammenzunehmen, um die wahnsinnigste Handlung zu begehen, die ein Mensch begehen kann.
Marie von Ebner-Eschenbach

Eine Ehe ist eine lange Unterhaltung, unterbrochen durch Dispute.
Robert Louis Stevenson

Die Liebe,
welch lieblicher Dunst;
doch in der Ehe –
da steckt die Kunst.
Theodor Storm

Die Ehe ist der Anfang und der Gipfel aller Kultur. Sie macht den Rohen mild und der Gebildetste hat keine bessere Gelegenheit, seine Milde zu beweisen.
Johann Wolfgang von Goethe

Die Ehe ist weder Himmel noch Hölle und so ein kleines Fegefeuerchen in der Mitte schadet nicht.
Karl Julius Weber

Jeder, der heiratet, ist wie der Doge, der sich mit dem Adriatischen Meer vermählt – er weiß nicht, was drin, was er heiratet: Schätze, Perlen, Ungetüme, unbekannte Stürme.
Heinrich Heine

Die Ehe ist eine Lotterie, in der die Männer ihre Freiheit und die Frauen ihr Glück aufs Spiel setzen.
Französisches Sprichwort

Heirate oder heirate nicht – du wirst es in jedem Fall bereuen.
Sokrates

Bei der Erklärung der Liebe muss entweder ein physikalisches Phänomen oder ein historisches Faktum angenommen werden. Ist es Sympathie, wie der dumme Magnet das rohe Eisen anzieht? Oder ist eine Vorgeschichte vorhanden, deren dunkles Bewusstsein uns blieb und in unerklärlicher Anziehung und Abstoßung sich ausspricht?
Heinrich Heine

Die Liebe ist so unproblematisch wie ein Fahrzeug. Problematisch sind nur die Lenker, die Fahrgäste und die Straße.
Franz Kafka

Die Ehe soll unablässig ein Ungeheuer bekämpfen, das alles verschlingen will, was an ihr erhaben ist: die Gewohnheit.
Honoré de Balzac

Beiträge zum Festprogramm

Auf dem Hochzeitsfest möchten viele Gäste gern etwas zum Besten geben. Tischreden gehören zu einem solchen Ereignis einfach dazu. Auch das Brautpaar hat jetzt Gelegenheit, sich bei den Gästen zu bedanken und ihnen ein schönes Fest zu wünschen. Und vielleicht möchte ja die Trauzeugin oder die Mutter des Bräutigams den Brautwalzer mit ein paar Worten einleiten.
Die Etikette-Regeln besagen übrigens, dass zunächst der Pfarrer (falls anwesend) zu Wort kommt. Danach folgen: der Vater beziehungsweise die Mutter der Braut, der Bräutigam, Vater oder Mutter des Bräutigams und erst danach entferntere Familienmitglieder sowie Freunde oder Trauzeugen.

Begrüßung der Gäste

Es gibt eine einleuchtende Grundregel für kurze Begrüßungsreden. Sie heißt: „Grüßen, Danken, Trinken."

Die Brautmutter

Liebe Gäste,
ich freue mich, dass ihr so zahlreich erschienen seid, die Familie ist fast komplett. Wir haben uns lange Gedanken darüber gemacht, wie wir euch entsprechend diesem feierlichen Anlass bewirten sollen. Es gab einige Diskussionen. Doch letztendlich sind wir gemeinsam mit dem Brautpaar zu einem – wie ich meine: köstlichen – Ergebnis gekommen. Wir hoffen, auch euren Geschmack getroffen zu haben. Getränke kann jeder nach Lust und Laune bestellen. Die Bedienungen fragen immer mal wieder nach. Das Fest beginnen wir mit einem gemeinsamen Menü, der erste Gang wird gegen 19 Uhr serviert. Und für alle, zu denen um Mitternacht der kleine Hunger kommt, haben wir etwas Deftiges vorbereitet. Ich wünsche uns allen viel Vergnügen!

Der Brautvater

Liebes Brautpaar, liebe Gäste,
ich möchte euch alle hier in diesem herrlich dekorativen Saal herzlich willkommen heißen. Als Brautvater bin ich für die Ausrichtung der Feier verantwortlich. Aber keine Sorge – nur finanziell. Sie können sich bei der Auswahl der Speisen und Getränke auf den guten Geschmack meiner Frau und unserer Tochter verlassen. Die beiden haben keine Mühen gescheut, ich dagegen keine Kosten. Denn schließlich soll dieses Fest für uns alle zu einem unvergesslichen Erlebnis werden. Ich wünsche uns allen viel Spaß und fröhliche Stimmung.

Die Braut

Liebe Gäste,
mein frisch angetrauter Ehemann und ich begrüßen euch ganz herzlich zu unserer Hochzeitsfeier. Ich freue mich, dass fast alle unserer Einladung gefolgt sind und diesen besonderen Tag mit uns gemeinsam genießen. Sicher wartet ihr schon ungeduldig darauf, dass Fabian und ich die Hochzeitstorte anschneiden. Keine Angst, es geht gleich los. Zückt schon einmal eure Fotoapparate und Videokameras. Wir beide wünschen euch viel Vergnügen und dass euch Essen und Trinken schmecken. Es gibt von beidem reichlich! Wer also gerade eine Diät macht, sollte die doch bitte für den heutigen Tag unterbrechen. Also, nun kann's losgehen!

Der Bräutigam,

Hallo, ihr Lieben,
das Anstrengendste hätten wir hinter uns gebracht. Jetzt heißt es feiern. Meine Frau und die liebe Schwiegermama haben sich mit der Organisation dieses Festes besonders viel Mühe gegeben. Natürlich hatten sie jede Menge fleißiger Helfer. Wir hoffen, mit der Auswahl an Kuchen und dem festlichen Hochzeitsmenü euren Geschmack getroffen zu haben. Herzlich danken möchte ich auch unserem Wirtsehepaar und dem Chefkoch, die uns mit Rat und Tat zur Seite standen.

Tischreden

Kein Brautvater wird es sich nehmen lassen, ein bisschen aus dem Nähkästchen zu plaudern. Aber auch die Mutter des Bräutigams, ein (Paten-)Onkel, der Bruder und der Großvater ergreifen oft das Wort.

Der Brautvater

Liebes Brautpaar,
für euch ist heute der schönste Tag im Leben. Auch für mich. Zwar blutet mir einerseits das Herz – schließlich gebe ich meine Tochter in andere Hände. Doch ich freue mich auch, dass sie in diesen Händen gut aufgehoben ist.
Schon als kleines Kind wusste Sandra ganz genau, was sie will. Und so hat sie auch den Mann ihrer Träume gefunden. Ich erinnere mich noch daran, als Fabian das erste Mal in unser Haus kam. Meine Frau und ich waren sehr gespannt, wen sie uns da wohl wieder anbringt, denn – das muss man wissen – die Ex-Freundschaften entsprachen nicht recht unseren Vorstellungen. Und so musste Fabian erst einmal durch die harte Prüfung der Schwiegereltern. Doch die hatte er

ziemlich schnell bestanden. Wir waren uns einig, das ist er – der eine – auf den sie so lange „hingearbeitet“ hatte.
Natürlich gab es in den fünf Jahren, in denen ihr nun zusammen seid, auch mal das eine oder andere Problem. Doch ihr habt gelernt, mit Meinungsverschiedenheiten umzugehen. So seid ihr schon geübte Partner, die nicht unvorbereitet in die Ehe gehen. Natürlich wird es auch weiterhin Höhen und Tiefen in eurem Leben geben. Doch ich bin mir sicher, ihr werdet gemeinsam alles meistern.
Dieses Fest ist der Anfang eures Ehelebens. Und ich hoffe, dass wir alle noch oft in so fröhlicher Runde zusammenkommen. Vielleicht können wir ja auch schon bald eine Taufe feiern. Wir würden es uns wünschen. Doch das bleibt natürlich allein eure Entscheidung. Wie alles. Zwar stehen wir euch gerne mit Rat und Tat auch weiterhin zur Seite, doch nur, wenn ihr das wünscht. Unsere Tür wird für euch immer offen stehen.
Lasst uns diesen Tag feiern, damit er immer in unserem Gedächtnis bleibt. Seid sicher, wir haben dafür gesorgt, dass Speis und Trank nicht ausgehen. Und nachher wollen wir gemeinsam tanzen. Ich wünsche uns allen einen wunderschönen Tag!

Der Brautvater

Liebe Sandra, lieber Fabian,

noch einmal herzlichen Glückwunsch zu eurer Hochzeit. Mögt ihr glücklich euren gemeinsamen Lebensweg beschreiten. Doch neben Glück wünsche ich euch, dass die Ziele, die ihr euch für euer gemeinsames Leben gesteckt habt, in Erfüllung gehen. Solltet ihr dabei sogar einen gewissen Wohlstand erlangen, ist das bestimmt nicht verkehrt.

Vor fünf Jahren habt ihr euch kennen und lieben gelernt. In dieser Zeit musstet ihr einige Missverständnisse aus dem Weg räumen, euch regelrecht zusammenraufen. Doch jetzt seid ihr euch in vielem einig. Man sieht euch wirklich an, wie harmonisch eure Partnerschaft ist. Doch vergesst auch in Zukunft nie, häufig miteinander zur reden. Lasst euren Partner an schönen wie auch unangenehmen Dingen teilhaben. Sorgt so für gegenseitiges Verständnis. Nur wer nicht mehr miteinander spricht, läuft Gefahr, sich auseinander zu leben. Ich bin mir sicher, ihr zwei werdet euren Weg machen. Auch das wollen wir heute feiern!

Genug der guten Ratschläge! Lange haben Mutter und ich überlegt, wie wir euch zu eurer Hochzeit eine besondere Freude machen können. Da ihr schon längere Zeit einen gemeinsamen Haushalt habt, fehlt es an praktischen Dingen kaum. Nein, wir wollen euch ein paar unvergessliche Tage schenken – in der Stadt der Liebe. Wir haben für euch zwei schon ein romantisches Hotelzimmer in Paris gebucht. Und die Bahnkarten liegen auch schon bereit. Lasst euch von dieser bezaubernden Metropole mitreißen. Der Aufenthalt soll euch immer in Erinnerung bleiben.

Liebe Sandra, lieber Fabian, an diesem so wichtigen Tag wollen wir kräftig feiern. Lasst uns alle das Glas erheben und auf unser Brautpaar anstoßen. Mögen alle ihre Wünsche in Erfüllung gehen.

Die Brautmutter

Liebe Sandra, lieber Fabian,
eure Trauung war ein unvergesslich schöner Moment für mich. Fast genauso bewegend war es, als meine Tochter zur Welt kam. Da habe ich vor Freude geweint. Und auch heute hat mich die Rührung übermannt. Hatte ich Sandra nicht gerade noch als kleines Baby im Arm, sie gewickelt, für sie gesorgt? Schnell ist sie mir entwachsen. Der erste Schultag war ein großer Moment für uns alle. Nun ging meine Tochter morgens allein aus dem Haus. Als sie dann auch noch anfing, abends mit Freunden um die Häuser zu ziehen, wusste ich: Dein Kind wird langsam erwachsen. Dann das Abitur und das erste Auto. Und als Sandra uns ihren ersten Freund vorstellte, musste ich heftig schlucken. Sollte ich meine Kleine mit einem fremden Mann teilen? Und wie wehmütig habe ich dem Möbelwagen nachgeschaut. Meine kleine Sandra war ausgezogen. Das Haus wirkte unheimlich leer. Wie oft dachte ich, sie muss gleich zur Türe hereinkommen. Eine Mutter hat es manchmal schwer. Aber die schönen Momente überwiegen. Das wirst du, meine liebe Sandra, auch einmal spüren. Die Sorgen einer Mutter kann man erst dann nachempfinden, wenn man selbst einmal Mutter ist.
Ich freue mich, heute Fabian in unserer Familie begrüßen zu können. Ich glaube, Sandra hat ein genauso gutes Händchen gehabt wie ich vor dreißig Jahren. Und mit ein wenig Arbeit an eurer Beziehung – denn das gehört dazu – werdet ihr genauso glücklich wie wir, eure Eltern.
Ich freue mich, dass alle Freunde und Verwandten diesen Tag gemeinsam feiern – ein Tag, der euch, Fabian und Sandra, immer als ein besonders schöner im Gedächtnis bleiben soll. Erhebt daher alle mit mir das Glas, um auf unser Brautpaar anzustoßen und ihr Glück mit unseren Wünschen zu besiegeln.

Der Vater des Bräutigams

Lieber Fabian,
ab heute bist du nicht mehr nur unser Sohn, sondern vor allem Ehemann. Ich habe mich immer bemüht, aus dir einen verantwortungsvollen, guten Menschen zu machen. Ich denke, das ist mir gelungen. Aber als Vater ist man natürlich parteiisch. Jetzt ist es an Sandra zu erkennen, welche Fehler wir mit unserem Fabian gemacht haben. Wir, liebe Sandra, haben unser Bestes versucht. Jetzt bist du dran. Vielleicht magst du deinen Partner hier oder da noch formen. Aber verändere ihn nicht völlig, denn du liebst ihn doch eigentlich so, wie er ist.
Wahrscheinlich haben wir Fabian zu sehr verwöhnt. Ich hoffe, dass dies dir nun keine Nachteile bringt. Lass ihn ruhig spüren, dass er künftig seinen Teil zu tragen hat. Bürde dir nicht alle Last des Ehealltags auf – denn ihr seid gleichberechtigte Partner! Ich denke, dass du für die Aufgabenteilung keine handgreiflichen Argumente benötigst. Ein paar nette, aber bestimmte Worte werden wohl genügen. Und tanzt dir Fabian zu sehr auf der Nase rum, dann komm zu uns und lass deinen Frust raus. Glaube nicht, dass wir alles gutheißen, was unser Sohn macht. Wir sind so stolz, dich als Tochter bekommen zu haben. Wir möchten dir helfen, wo wir nur können. Du sollst spüren, dass du zu unserer Familie gehörst.
Ich wünsche uns allen ein wunderschönes Fest und euch, liebe Kinder, alles Gute!

Die Mutter des Bräutigams

Liebes Brautpaar, liebe Gäste,
die Schwiegermutter hat schon seit Jahrzehnten, ähnlich der bösen Stiefmutter im Märchen, ihren Ruf weg. Ich gebe zu, manchmal hat sie diesen auch verdient. Ich habe es mir zur Aufgabe gemacht, für den besseren Ruf der Schwiegermütter zu sorgen.
Natürlich habe ich als Mutter eines Sohnes immer versucht, ihn zu unterstützen, ihm – fast – immer alles recht zu machen. Ich kenne seine Stärken und Schwächen. Ich habe ihn lange bekocht und bemuttert, habe versucht, das gut zu machen. Doch warum soll es nicht eine andere Frau geben, die das genauso gut oder noch besser kann? Ich kenne meinen Sohn gut, doch du, liebe Sandra, wirst ihn bestimmt bald noch viel besser kennen. Ich will dir weder in den Haushalt noch in eure Beziehung reinreden. Ich werde mich hüten, wie die böse Schwiegermutter naserümpfend deine Kochkünste zu rügen. Erstens, weil ich weiß, dass ihr euren Haushalt gut im Griff habt, und zweitens, weil ihr für eure Wohnung und euer Leben ganz alleine verantwortlich seid. Gerne bin ich bereit, dir Ratschläge zu geben. Aber nur dann, wenn du mich darum bittest. Und wenn dich mein Sohn einmal ärgert, werde ich zu dir stehen. Versprochen!
Liebe Sandra, sei dir sicher, du bist mir so willkommen wie eine eigene Tochter. Ich freue mich, dass wir schon ein solch freundschaftliches Verhältnis haben und hoffe, dass dies immer so bleibt. Vielleicht brauchst du meinen Beistand als Mutter nicht, aber auch als Freundin habe ich immer ein offenes Ohr für dich.
Ich hoffe, Fabian nicht zu sehr verwöhnt zu haben, doch ich fürchte, ich habe es getan. Fabian, ich rate dir gut, verscherze es dir mit deiner Sandra nicht. Trage sie immer auf Händen, das hat sie verdient. Und sei dankbar, dass das Schicksal dir eine tolle Partnerin zugedacht hat. In diesem Sinne wünsche ich euch alles Gute und viel Kraft für euren gemeinsamen Lebensweg.

Die Großmutter

Liebe Sandra, lieber Fabian, liebe Gäste,
für uns ist ein Traum in Erfüllung gegangen: Wir dürfen mit euch die Hochzeit unseres Enkels feiern. Schon vor Wochen haben wir uns Gedanken gemacht: Was ziehen wir an, was schenken wir den beiden und welche Wünsche geben wir ihnen mit auf den gemeinsamen Weg? Was die Kleidung anbelangt – Opa hat natürlich gedacht, er könne seinen eigenen Hochzeitsanzug noch einmal tragen. Aber der hatte ihm doch schon bei der Hochzeit seiner Tochter nicht mehr gepasst. Und wie das heute ausgesehen hätte, könnt ihr euch sicher vorstellen. Auch ich hatte einfach nicht das Richtige im Schrank. Und so zogen wir los: Opa etwas missmutig, wie Männer halt so sind, wenn sie einkaufen müssen, ich voller Freude. Und ich hatte mein Kleid auch schnell gefunden. Nur bei Opa war es wieder einmal eine schwierige Geburt. Aber nach zwei Stunden waren wir auch für ihn erfolgreich. Unsere erste Aufgabe hatten wir also erledigt. Nun hieß es, ein Geschenk zu wählen. Um euren Geschmack zu treffen, sind wir beide doch ein wenig zu alt. Und so haben wir gedacht, mit Bargeld könntet ihr selbst entscheiden, was euch eine Freude macht. Vielleicht nutzt ihr es für eure Hochzeitsreise. Flitterwochen in der Karibik sind bestimmt nicht ganz billig. Jedenfalls sollen diese Tage für euch unvergeßlich werden. Wir hoffen, dieses Taschengeld trägt dazu bei.
Blieben da noch die Glückwünsche. Was soll ich euch gute Ratschläge geben? Ihr müsst selbst eure Erfahrungen machen. Auch wir haben nicht gerne von unseren Eltern oder Großeltern Rat angenommen. Deshalb mache ich es ganz kurz. Wir wünschen, dass alle eure Träume wahr werden. Das nötige Quäntchen Glück und viel Liebe – dann kann eigentlich ja nichts mehr schief gehen!

Der Großvater

Liebes Brautpaar,
wenn ich so in die Runde schaue, stelle ich fest, dass ich wohl der Älteste bin. Mein Haar ist etwas lichter, mein Gang etwas schwerer und auch Augen und Ohren machen nicht mehr so gut mit wie an meiner eigenen Hochzeit. Dafür habe ich in den vielen Jahren meines Lebens einen großen Erfahrungsschatz angesammelt. Davon möchte ich euch, liebe Sandra und lieber Fabian, heute einige Kostbarkeiten weitergeben. Etwa so, wie die Frauen den Familienschmuck weiterreichen.
Denkt immer daran, der Himmel wird nicht ständig voller Geigen hängen. Das könnt ihr euch heute vielleicht noch nicht vorstellen. Ihr seid verliebt und betrachtet alles wie durch eine rosarote Brille. Aber glaubt mir, auch Gewitterwolken werden einmal an eurem Ehehimmel auftauchen.
Denn jeder Mensch hat seine Eigenheiten. Manche davon können beim Partner auf Widerstand stoßen. Einige Ecken und Kanten werden sich im Lauf der Zeit abschleifen, doch andere werden bleiben. Und das ist auch gut so. Ihr wisst ja, Gegensätze ziehen sich an und verleihen der Partnerschaft ihren Reiz. Scheut euch dann aber nicht, Konflikte auszutragen, sondern stellt euch den Problemen. Gemeinsam könnt ihr nämlich alles bewältigen. Dabei kann es ruhig auch mal etwas lauter zugehen. Ihr wisst ja, Gewitter reinigen die Luft. Doch vergesst eines nicht: Geht niemals schlafen, bevor ihr euch nicht versöhnt habt! Diese Weisheit haben Oma und ich immer befolgt und das war gut so.
Denkt auch in schweren Zeiten daran: Sorgen bringen euch einander nur noch näher. Wollen wir hoffen, dass ihr nur wenig davon habt und die Sonnenseite des Lebens überwiegt.
Doch ich sehe, nun naht der nächste Gang. Genug meiner gut gemeinten Ratschläge. Ich wünsche euch beiden nur das Allerbeste. Ein Hoch auf das Brautpaar!

Die Schwester der Braut

Liebe Sandra,
weißt du noch, wie wir jeden Abend kichernd in unseren Betten gelegen haben? Uns von den Schulfreunden und der ersten großen Liebe erzählt haben? Das war immer spannend. Du kanntest meine innersten Gefühle wie ich auch deine. Wir waren ein verschworenes Duo. Verstanden uns meist auf Anhieb, auch wenn manchmal die Fetzen flogen. Aber bei welchen Schwestern ist das nicht so? Wir haben immer zusammengehalten – gegen Lehrer, Neider und oft auch gegen Mama und Papa. Weißt du noch, wie wir uns bei unserem ersten Liebeskummer gegenseitig getröstet haben? Ach, was flossen damals die Tränen.
An diese Momente habe ich bei eurer Trauung ab und zu denken müssen. Jetzt haben dein Fabian und mein Mann diese Stelle eingenommen. Sie freuen sich mit uns und trösten uns, wenn es uns schlecht geht. Aber sie werden uns nie so gut verstehen, wie wir das tun – denn sie sind ja nur Männer. Deshalb bin ich ganz zuversichtlich, dass du auch weiterhin Freud und Leid mit mir teilst. Und ich hoffe, dass die erfreulichen Dinge stark überwiegen.
Lass dich nicht unterbuttern, bleibe so stark und fröhlich, wie du es immer warst. Und wehe, Fabian, du bist nicht gut zu meiner Schwester, dann bekommst du es mit mir zu tun! Hüte dich vor uns beiden, du wirst mit einer von uns Schwestern schon genug zu tun haben! Ich wünsche dir, dass dir meine Schwester so viel Vertrauen schenkt, wie sie mir immer geschenkt hat. Dann werdet ihr auch Problemchen und Probleme gemeinsam aus dem Weg räumen können.
Heute freue ich mich jedenfalls auf das rauschende Fest und auf einen Tanz mit dem Bräutigam. Aber erst einmal wollen wir auf euch anstoßen. Zum Wohl!

Der Bruder der Braut

Liebes Brautpaar,
auch ich möchte nun einmal zu Wort kommen. Auf diesen Augenblick habe ich 25 Jahre lang gewartet. Es war nämlich nicht leicht, sich gegen zwei große Schwestern durchzusetzen.
Aber ich weiß, dafür wurde ich auch sehr verwöhnt. Wie oft, liebes Schwesterlein, habe ich dich gepiekst. Wie oft haben wir gestritten, uns fast verhauen. Erst als wir älter wurden, haben wir näher zueinander gefunden. Aber das muss wohl bei Geschwistern so sein.
Deshalb kann ich euch heute nur das Beste wünschen: Glück, Gesundheit, ein reich gefülltes Konto und viele süße Kinderchen.
Vielleicht lasse ich mich dann sogar erweichen, für euch ab und zu den Babysitter zu mimen. Ihr könnt mich darauf festnageln, denn ich habe hier vor zahlreichen Zeugen gesprochen. Dir, Sandra, aber auch deinem Mann Fabian, wünsche ich, dass du so wunderschön bleibst, wie du es heute bist. Denke nicht, du hast ihn jetzt an der Angel und das wär's! Aber da braucht man sich bei dir wohl keine Gedanken zu machen. Schon früher hast du das Bad stundenlang blockiert. Und Fabian hat mir im Vertrauen erzählt, dass das heute noch so ist.
Tja, ich wünsche euch am besten, was ihr euch wünscht. Und vor allem eine unvergessliche Hochzeitsnacht!

Ein Onkel

Liebes Brautpaar,
schon als kleines Kind konnte mich die niedliche Sandra um den Finger wickeln. Wie oft entlockte sie mir Süßigkeiten, die ihr eigentlich von der Mutter verboten waren. Doch wer kann's mir verdenken – bei diesem Charme! Lieber Fabian, du wirst wissen, wovon ich spreche. Auch dich hat sie um den Finger gewickelt. Aber ich denke, du freust dich darüber genauso wie ich.
Tja, und dann wuchs meine kleine Nichte heran. Und aus dem niedlichen Mädchen wurde eine bildhübsche Frau. Heute kann ich ihr keine Süßigkeiten mehr bieten. Aber meine Unterstützung und die besten Wünsche.
Für dich, liebe Sandra, bin ich immer da, wie du weißt. Aber auch wenn Fabian einmal Probleme mit dir hat, steht meine Tür jederzeit offen. Ich weiß, dass Sandra gerne dazu neigt, ihren Willen durchzusetzen. Ich werde mich bemühen, mein Urteil in Streitfragen immer gerecht zu fällen.
Ich wünsche euch jedoch, dass ihr meine Hilfe nur sehr selten in Anspruch nehmen müsst. Darüber hinaus alles Gute für eure junge Ehe.

Eine Tante

Liebes Brautpaar,
aus Fabian, meinem kleinen, süßen Neffen, ist nun ein erwachsener Mann geworden. Ein Mann, der sich entschlossen hat, Verantwortung zu übernehmen. Für seine Frau und später auch für die gemeinsamen Kinder. Die Zeit der Experimente ist nun vorbei. Jetzt ist Familie angesagt. Doch ich bin mir sicher, ihr lasst euch noch genügend Freiraum. Denn jeder hat seine eigenen Interessen. Und das ist auch gut so. Wenn man nur wie die Kletten aneinander hängt, wird eine Beziehung schnell langweilig. Jeder sollte ein wenig Zeit nur für sich und seine Hobbys haben. Wie schön es ist, wenn man dann abends wieder zusammenfindet und sich einiges zu erzählen hat.
Und auch wenn einmal Kinder da sind, solltet ihr euch ab und zu Zeit nehmen und ohne Kinder ausgehen. Ich denke, hier sitzen genügend Menschen, die sich als Babysitter prima eignen. Auch ich würde mich freuen, meine Großnichte oder meinen Großneffen einmal bei mir zu beherbergen. So, wie ich es mit dir, lieber Fabian, früher gemacht habe. Erinnerst du dich noch an unsere Ausflüge oder die gemeinsamen Kinobesuche? Dass du dich bei mir wohl gefühlt hast, hast du immer gezeigt. Dazu brauchte es keiner Worte. Und so, wie ich es damals gespürt habe, merke ich auch heute, wie wohl du dich bei deiner Sandra fühlst. Ich wünsche euch beiden, das dies noch lange so bleibt. In diesem Sinne, alles Gute und prost – auf das Glück unseres Paares.

Eine Schulfreundin der Braut

Liebes Brautpaar,
Sandra und ich waren seit Schulzeiten eine verschworene Gemeinschaft. Sandra, erinnerst du dich noch, wie wir mit gegenseitiger Hilfe unsere Klassenarbeiten gelöst haben?
Du warst immer besser in Fremdsprachen, ich kam mit Mathe besser klar. Aber gemeinsam haben wir dafür gesorgt, dass keine von uns das gehasste Fach nicht schaffte. Manchmal haben wir uns auch selbst eine Freistunde gegeben. Weißt du noch, wie oft wir zu einem spontanen Stadtbummel gestartet sind?
Gemeinsam erlebten wir auch unseren ersten Discobesuch. Unsere Verabredungen mit Jungs haben wir uns natürlich auch brühwarm erzählt. Ja, und ich war wohl auch die Erste, der du von Fabian erzählt hast. Ich muss sagen, gegen ihn verblassen deine Ex-Freunde regelrecht. Du hast eine prima Wahl getroffen – beneidenswert! Aber auch du, lieber Fabian, bekommst nicht nur eine tolle Ehefrau, sondern auch eine klasse Partnerin, mit der du durch dick und dünn gehen kannst. Sei versichert, ich weiß, wovon ich spreche. Ich wünsche euch jedenfalls alles Glück, das man sich nur vorstellen kann.

Humorvolle Darbietungen

Vorträge, die weniger tiefsinnig und individuell sind, sondern einfach der Unterhaltung während des Festes dienen, können von allen Gästen gehalten werden.

Heiraten – ja oder nein

Liebes Ehepaar,
warum habt ihr eigentlich geheiratet? Natürlich – diese Frage kommt etwas spät, denn nun ist schon alles vorbei. Und doch sollte sie gestellt werden. Jeder Mensch lernt irgendwann einen anderen Menschen kennen, den er nicht mehr vergessen kann. Die Augen, die Mimik oder auch die Stimme wecken Schmetterlinge im Bauch. Reicht das zum Heiraten? Vielleicht, aber es ist zumindest eine gute Voraussetzung. Viele Paare wagen ihn nie, den Schritt vor den Standesbeamten. Manche auch viel zu spät. Da gibt es Paare, die leben jahrelang zusammen und wenn sie dann endlich heiraten, geht es manchmal gar nicht gut. Doch bei euch ist das ganz anders. Ihr seid zu Recht schon jetzt dem Zauber und der Romantik verfallen, die das beglaubigte Eheglück so mit sich bringt.
Ihr hattet neben Liebe und Leidenschaft noch andere gute Gründe für die Eheschließung: Stimmten für Sandra bei Fabian einfach die Finanzen, wollte sie mal wieder eine richtige Feier haben oder macht sie eben gerne einmal etwas Verrücktes? Doch diese Gründe sind nur Gerüchte. Auch über Fabian sagt man, er hat lediglich geheiratet, weil er auf Wohnungssuche war oder er einfach nicht „Nein“ sagen kann. Vielleicht war er auch einfach nur das ewige Suchen leid, irgendwann musste er sich ja mal entscheiden. Böse Zungen behaupten sogar, Fabians Steuerberater hätte ihm ausgerechnet, was er pro Jahr verschenkt, wenn er unverheiratet bleibt. Was sagt ihr, das ist alles nicht wahr?! Na, umso besser. Dann kann ja nichts mehr schief gehen. Ein Hoch auf das Brautpaar!

Verhaltensregeln für das Hochzeitsfest

(Der Text kann auch gut von der Braut, vom Bräutigam oder von beiden vorgelesen werden. Der letzte Satz wäre dann zu ändern: Dank fürs Dabeisein, Toast auf das Wohl aller Gäste.)

Liebe Gastgemeinde,
zu Beginn dieser Feierlichkeit muss doch gleich einiges klargestellt werden. Nicht etwa, dass jeder denkt, er könne sich verhalten, wie er gerade will. Nein, am heutigen Tag sind die fünf folgenden Regeln zu beachten:
Regel 1: Auf diesem Fest hat sich jeder Gast zu amüsieren, und zwar so gut und so viel er kann.
Regel 2: Der freie Flug von Schlagsahne, Sektkorken und Feuerwerkskörpern ist nur insofern zulässig, als weder Personen noch Festräume Schaden nehmen können.
Regel 3: Wird nachher der Brautschuh versteigert, trinkt niemals Sekt daraus. Champagner sollte es schon sein.
Regel 4: Wird die Braut entführt, verratet dem Bräutigam nicht, wo er sie findet. Vielleicht möchte er sie gar nicht wieder zurück haben.
Regel 5: Wird der Brautstrauß geworfen, bitte nur die Unverheirateten die Hände aufhalten. Alle anderen kaufen sich ihre Blumen gefälligst selbst!
So weit der formelle Teil. Übrigens: Wer diese Regeln nicht befolgt, wird zum nächsten Jubiläum nicht eingeladen! Aber jetzt wollen wir einen ersten Schluck auf das Wohl des Brautpaares nehmen. Prosit!

Die Flitterwochen

Liebes Brautpaar,
ich weiß nicht, ob ihr euch schon für eine Hochzeitsreise entschieden habt. Hört euch aber auf jeden Fall meine Ratschläge für die schönsten Wochen im Leben an:
Denkt daran, lasst euch von den Schwiegereltern ausreichend Reiseschecks oder am besten gleich die Kreditkarte mitgeben. Denn die Flitterwochen sollen etwas ganz Besonderes werden. Unter einem Vier-Sterne-Hotel läuft ja wohl gar nichts. Und die Kellner müssen auch reichlich bestochen werden; als Frischvermählte möchte man das Frühstück regelmäßig aufs Zimmer. Vergesst darüber hinaus nicht: Geht es auf die Malediven, ist eine Lebensversicherung angebracht. Dort soll es Haie geben. Und wir wollen ja nicht, dass ein Ehepartner nach den Flitterwochen völlig mittellos dasteht. Ganz wichtig auch: ein Diktiergerät. Dann könnt ihr eure Dia-Show schon während der Reise vertonen. Ich wünsche euch jedenfalls traumhaft schöne Flitterwochen – egal, wohin die Reise geht. Zum Wohl!

Welche Ehe wollt ihr führen?

Liebes Brautpaar,
ihr seid nun verheiratet. Aber wisst ihr auch, wie ihr eure Ehe führen wollt? Es gibt nämlich unterschiedliche Formen dieser engen Lebensbeziehung. Lasst sie euch von mir erklären:
Die Total-Ehe ist das absolute Nonplusultra. Man lebt nur für seinen Partner. Ohne ihn ist man nur ein halber Mensch.
Die Business-Ehe erscheint nach außen wie ein Firmen-Trust. Das gemeinsame, gut gefüllte Bankkonto ist ausschlaggebend für den häuslichen Frieden. Höhepunkte des Ehelebens: die Steuererklärung und die Jahresbilanz. Kinder haben den Status von Angestellten. Außerdem dienen sie der Abschreibung.
Die Spontan-Ehe war eigentlich nur eine Schnapsidee. Keiner weiß, wer zuerst darauf kam. Diese Ehe ist ein Quell ständiger Neuigkeiten und Skandale. Klatsch und Tratsch in der Nachbarschaft haben viel Stoff.
Die Karnickel-Ehe hat nur einen Sinn: Kinder, Kinder, Kinder. Und die möglichst jährlich und wenn es geht auch noch mehrfach. Es ist immer Leben in der Bude, die Waschmaschine läuft ununterbrochen und fürs Erledigen der Einkäufe ist der Mini-Van ein absolutes Muss. Na, habt ihr euch schon entschieden? Ist die richtige Form der Ehe dabei? Mein Tipp: Wählt doch einfach das Mittelmaß von allen. Viel Glück bei eurer Entscheidung und beim Umsetzen in die Praxis!

Gute Vorsätze

Liebe Sandra, lieber Fabian,
euch beiden ist sicher bekannt, dass ich auf langjährige Erfahrungen in Sachen Zweierbeziehung und ehelicher Gemeinschaft zurückblicken kann. Was liegt also näher, als euch einige Ratschläge mit auf den Weg zu geben, die euch helfen, eheliche Reibereien und Kon-

flikte zu vermeiden. Vier grundsätzliche Regeln solltet ihr beachten:
1. Sagt niemals zueinander: Du bist wie dein Vater oder deine Mutter.
2. Wechselt euch immer freiwillig beim Abwasch oder Staubsaugen ab.
3. Trefft nie ohne vorherige Diskussion grundsätzliche Entscheidungen. Hierzu gehören u. a. das Fernsehprogramm, die Urlaubsreise und die Anzahl der Kinder.
4. Seid niemals eifersüchtig auf den Briefträger, die Handwerker, die Sekretärin oder den Hausfreund.
Wenn ihr diese Regeln beherzigt, kann im Grunde nichts mehr schief gehen. Jedenfalls wünsche ich euch für die Konfliktvermeidung in eurer Ehe gutes Gelingen. Ein Prosit auf die harmonische Zweisamkeit!

Familienplanung

Liebes Brautpaar,
vermutlich ist es bei euch wie in anderen Familien: Eltern und Schwiegereltern brennen darauf, Oma und Opa zu werden. Doch ihr ganz allein müsst die Frage „Kinder – ja oder nein?“ beantworten. Wie sehen die Alternativen aus?
Wollt ihr lieber den ganzen Tag im Bett bleiben, euch von Champagner und Kaviar ernähren?
Oder soll es ein Satz Drillinge mit Zubehör sein?
Mögt ihr in spätestens vier Jahren nur noch vom Kindergeld leben?
Oder mit dem Nachwuchs eine Fußballmannschaft gründen?
Vielleicht wäre euch aber doch ein Deutscher Schäferhund lieber?
Zugegeben, ich habe bei der Darstellung der Möglichkeiten leicht übertrieben. Entscheidet ihr euch für den Kindersegen, denkt daran: Die besten Zeugungsvoraussetzungen findet ihr im sonnigen Süden. Und da geht’s – wie ich gehört habe – auf eurer Hochzeitsreise schon hin!

Eifersucht

Liebes Brautpaar,
auch bei euch wird irgendwann einmal die Eifersucht Einzug halten. Sei es aus scheinbar wichtigen Gründen oder nur, um die Ehe zu beleben. Doch denkt daran, bei Eifersuchtsszenen gilt es einiges zu beachten. Grundregel: Die Szene sollte filmreif sein und Gesprächsstoff für mindestens einen Monat hergeben.
Fesselt bei eurer Szene auch immer die Aufmerksamkeit der Umstehenden. Ihr allein steht im Mittelpunkt! Am besten tut ihr das, indem ihr dem anderen irgendetwas Wertvolles vor die Füße werft. Vielleicht die geerbte chinesische Vase, eine Antiquität aus dem 11. Jahrhundert? Den besten Auftakt habt ihr, wenn ihr von vornherein schmutzige Wäsche wascht. Beschuldigungen unterhalb der Gürtellinie kommen besonders gut an. Einen tollen Effekt erreicht ihr auch mit dem Zertreten von Brillen oder dem Ausleeren des vollen Glases über dem Kopf eures bzw. eurer Liebsten. Also: Action heißt das Zauberwort!
Ihr zweifelt an meinen Worten? Da habt ihr Recht. So soll euer Eheleben wirklich nicht ablaufen. Ein bisschen Eifersucht darf zwar sein, aber dabei bitte nicht unfair werden. Trinken wir darauf, dass ihr euch auch weiterhin so gut versteht wie heute.

Toasts

Zu einer rauschenden Hochzeitsfeier gehören auch die kurzen – manchmal auch etwas längeren – Trinksprüche. Sie müssen nicht großartig angekündigt werden. Man erhebt sich einfach, nimmt das Glas in die Hand und spricht.

Ein fröhliches Leben

Liebe Gäste, seid nicht bang,
lasst die Gläser füllen,
ganz bestimmt sprech ich nicht lang,
will den Durst nur stillen.
Wünschen bei dem Saft der Reben
unserm Paar ein fröhlich Leben,
mög' ihm heller Sonnenschein
immerdar beschieden sein.

Sonnenschein

Erhebt das Glas! Wir wollen trinken
auf dieses Paar, das feiert heut:
Stets möge Sonnenschein ihm winken
in lauter Seligkeit und Freud!

Das Fest der Feste

Heut feiern wir das Hochzeitsfest
als schönstes aller Feste,
drum leert die Gläser bis zum Rest
als frohe Hochzeitsgäste!

Ohne Sorgen

Dass nimmer trübe Ungemach,
dass fern euch bleibe Not und Schmach,
dass nie ihr eine Träne weint,
dass stets in Liebe ihr vereint,
dass stets ihr aller Sorgen bar,
das wünsche ich dem jungen Paar!

Beständigkeit

Ich kann nichts Besseres euch sagen,
als dass in allen Lebenslagen
Beständigkeit euch sei beschieden
in Innigkeit und Seelenfrieden!
Was vor euch liegt, soll wohl gelingen,
soll Glück euch und Erfüllung bringen,
auf dass ihr, die ihr euch vermählt,
empfindet: ihr habt gut gewählt.
Darauf heb ich mein Glas zum Toast:
Das junge Paar, es lebe! Prost!

Lebensabenteuer

Der Hochzeitstag, ich mach es kurz,
gleicht einem frischgewagten Sturz
ins Lebensabenteuer.
Ich wünsch, daß eurer Liebe Kraft
mit Leichtigkeit das Wagnis schafft
und jugendlichem Feuer!

Auf die Damen

Ein Prosit auf die Damen,
die hier zusammenkamen.
Um diese zwei zu feiern,
Geschenke beizusteuern,
zu backen feinen Kuchen,
den will ich jetzt versuchen.

Auf die Brautmutter

Brautmutter ist die Beste,
die Seele hier beim Feste.
Drum stoßen wir gleich an,
auf sie – und ihren Mann!

Den Brauteltern ein Lob

Ihr beiden habt gar manche Müh' für heute aufgebracht
und viele Tage schon von früh das Beste ausgedacht.
So kommt euch nun von Herzen zu ein ehrlich tiefer Dank,
der niemals wird vergessen sein das ganze Leben lang.

Harmonie

Dass das neu vermählte Paar
glücklich lebe Jahr um Jahr,
dass es zueinander strebe,
dass in Harmonie es lebe,
dass es ohne Not und Sorgen
froh erwache jeden Morgen.
Darauf hebe ich mein Glas,
randgefüllt mit edlem Nass!

Auf das Fest

Das Fest ist wohl gelungen,
manch Rede schon erklungen.
Ich will nicht lange sprechen hier,
denn schließlich wollen feiern wir.

So lasst uns jetzt das Glas erheben
zum Liebestrank, gefüllt mit Sekt,
dass reicher Segen unentwegt
das Brautpaar leite durch sein Leben!

Den Brauteltern gewidmet

Das Brautpaar, ja, es lebe hoch,
doch auch sein Elternpaar
mög' leben manches schöne Jahr
in Glück und Freude noch!

In seiner Kinder Glück verjüngt,
grün' noch einmal sein Mai!
Stoßt an die Gläser, dass es klingt:
Ihr Glück werd' täglich neu!

Ein Lied

Lasst uns noch ein Liedchen singen,
ehe wir das Tanzbein schwingen.
Drum stimmt jetzt alle mit mir an,
ob junge Frau, ob fescher Mann:
„Hoch soll'n sie leben!“

Junges Eheglück

Junges Paar, in Lieb' verbunden,
reichte heute sich die Hand.
Denkt beglückt der schönen Stunden,
da sich Herz zu Herzen fand.

Lasst uns nun die Gläser heben
auf das junge Eh'standsglück:
Vivat hoch sollt beid' ihr leben
und denkt froh an heut zurück!

Klingende Gläser

Stimmt an mit hellem, hohem Klang,
lasst alle Gläser klingen,
dem jungen Paare wollen wir
ein dreifach „Hoch" jetzt bringen.

Ein Leben voller Freude

Niemals möge Leid betrüben
euch und alle, die euch lieben!
Lasst die Gläser uns erheben
auf ein künft'ges frohes Leben!
Es ruft die ganze Gästeschar:
Hoch lebe unser Jubelpaar!

Auf das Wohlergehen

Erhebt die Gläser und wir trinken
nun auf des Brautpaars Wohlergehn.
Es mögen seine Lebenswege
im sichtbar guten Zeichen stehn!

Auf die Gesundheit

Ein Prosit der Gesundheit!
Ein Prosit auf das Paar!
Auf dass wir alle bleiben
gesund noch viele Jahr'!

Ein dreimal Hoch dem jungen Paar

Ums Herze leicht, mit frohem Blick,
lass ich den Wunsch erklingen:
Dem jungen Paar, so reich an Glück,
woll'n wir ein Hoch nun bringen!

Dir, liebe Braut, das erste Glas:
Glück auf zur Ehewonne!
So klar wie's edle Rebennass
strahl' deiner Zukunft Sonne!

Das zweite Glas dem Ehemann:
der Gatte, er soll leben,
der sich so holden Preis gewann,
vom Himmel ihm gegeben!

Das dritte Glas mit lautem Prost
lasst jubelnd uns noch leeren:
Es gilt gemeinsam eurem Los –
nur Liebe wird's bescheren!

Ehrentanz des Brautpaares

Einer der Höhepunkte des Festes ist die Eröffnung des Hochzeitswalzers. Den Beginn des Tanzes kann die Trauzeugin oder der Zeremonienmeister mit einigen passenden Worten in Prosa oder Versform ankündigen.

Die Trauzeugin

Liebe Sandra, lieber Fabian,
jetzt geht die Party richtig los. Ihr startet mit eurem Tanz in eine neue Zukunft. Ich wünsche euch, dass euer Eheleben noch lange den Schwung behält, den ihr gleich beim Solotanz an den Tag legen werdet. Ihr habt euch für den Wiener Walzer entschieden. Ein Klassiker auf jeder Hochzeit! Ich weiß, wie lange Fabian geübt hat. Doch zum Schluss war er beinahe der perfekte Tänzer. Ich bitte deshalb alle Filmer und Fotografen um gesteigerte Aktivitäten. Auf dass uns – und vor allem dem Brautpaar – dieser Moment noch lange in schöner Erinnerung bleibt. Lasst uns einen Kreis bilden, um den beiden eine passende Fläche zu schaffen. Na, dann wirbelt mal los!

Die Mutter des Bräutigams

Der große Moment ist gekommen: Ich sehe meinen Sohn Fabian zum ersten Mal tanzen. Er wollte ja nie in die Tanzschule. Und so musste er vor der Hochzeit noch fleißig üben. Ich denke, die Mühe hat sich gelohnt. Jetzt kann er mit seiner Sandra in den Himmel der Liebe schweben. Und ich freue mich schon darauf, wenn auch ich gleich einen Tanz mit ihm aufs Parkett legen darf. Aber das Erstrecht gebührt natürlich meiner lieben Schwiegertochter. Musik bitte!

Vierzeiler zum Brautwalzer

Tanzt jetzt im Dreivierteltakt,
schwungvoll und doch exakt.
Dies ist euer Ehrentanz,
dreht euch fein im Lichterglanz.

★

Tanzen sollt ihr beiden nun,
dreht euch voller Schwung im Kreise.
Wir werden dann das Gleiche tun,
auf diese oder 'ne andre Weise.

★

Auf die Tanzfläche, ihr zwei,
das ist keine Alberei,
sondern euer Hochzeitstanz,
dreht euch nun mit Eleganz!

Vergnügliche Verse

Die folgenden Gedichte sind vor allem dazu gedacht, von guten Freunden des Brautpaares vorgetragen zu werden. Die Erheiterung der Zuhörer ist umso größer, wenn den Akteuren der Schalk im Nacken sitzt.

Liebe contra Vernunft

Aus Lieb' oder Vernunft zu frei'n?
Wie sollte es nicht dasselbe sein?
Da es doch nichts Vernünftigers gibt,
Als eine nehmen, die man liebt.

Paul Heyse

Sie hat nichts und du desgleichen

Sie hat nichts und du desgleichen;
Dennoch wollt ihr, wie ich sehe,
Zu dem Bund der heil'gen Ehe
Euch bereits die Hände reichen.

Kinder, seid ihr denn bei Sinnen?
Überlegt euch das Kapitel!
Ohne die gehör'gen Mittel
Soll man keinen Krieg beginnen.

WILHELM BUSCH

Das Muster der Ehen

Ein rares Beispiel will ich singen,
Wobei die Welt erstaunen wird.
Dass alle Ehen Zwietracht bringen,
Glaubt jeder, aber jeder irrt.

Ich sah das Muster aller Ehen,
Still, wie die stillste Sommernacht.
O! dass sie keiner möge sehen,
Der mich zum frechen Lügner macht!

Und gleichwohl war die Frau kein Engel,
Und der Gemahl kein Heiliger;
Es hatte jedes seine Mängel.
Denn niemand ist von allen leer.

Doch sollte mich ein Spötter fragen,
Wie diese Wunder möglich sind?
Dem lasse ich zur Antwort sagen:
Der Mann war taub, die Frau war blind.

GOTTHOLD EPHRAIM LESSING

Lust am Liebchen

Wie selig, wer sein Liebchen hat,
Wie selig lebt der Mann!
Er lebt, wie in der Kaiserstadt
Kein Graf und Fürst es kann.

Ihm scheinet seiner Seligkeit
Kein Preis auf Erden gleich.
Selbst arm bis auf den letzten Deut,
Dünkt er sich krösusreich.

Die Welt mag laufen oder stehn;
Und alles mag rundum
Kopf unten oder oben gehn!
Was kümmert er sich drum?

Hui! ist sein Wort zu Sturm und Wind.
Wer macht aus euch sich was?
Nichts mehr als wehen kann der Wind.
Und Regen macht nur nass.

Gram, Sorg' und Grille sind ihm Spott;
Er fühlt sich frei und froh,
Und kräht, vergnügt in seinem Gott,
In dulci jubilo.

Durch seine Adern kreiset frisch
Und ungehemmt sein Blut.
Gesünder ist er, als ein Fisch
In seiner klaren Flut.

Ihm schmeckt sein Mahl; er schlummert süß
Bei federleichtem Sinn,
Und träumt sich ein in Paradies
Mit seiner Eva hin.

In Götterfreuden schwimmt der Mann,
Die kein Gedanke misst,
Der singen oder sagen kann,
Dass ihn sein Liebchen küsst –

Doch ach! was sing' ich in den Wind
Und habe selber keins?
O Evchen, Evchen, komm geschwind,
O komm und werde meins!

JOHANN GOTTFRIED BÜRGER

Liebe ist ein Ding

Liebe – sagt man schön und richtig –
ist ein Ding, das äußerst wichtig.
Nicht nur zieht man in Betracht,
was man selber damit macht,
nein, man ist in solchen Sachen
auch gespannt, was andere machen.

WILHELM BUSCH

Ehestand der Freude

Lasset uns scherzen,
Blühende Herzen,
Lasset uns lieben
Ohne Verschieben,
Lauten und Geigen
Sollen nicht schweigen,
Kommet zum Tanze,
Pflücket vom Kranze.

Drücket die Hände,
Legt euch zum Ende,
Gebet euch Küsse,
Tretet die Füße,
Machet euch fröhlich,
Machet euch ehelich,
Lasset die Narren
Einsam verharren.

Eh'lich zu werden
Dienet der Erden,
Ledige Leute
Mangeln der Freude;
Jeder muss sterben,
Machet euch Erben
Euerem Gute,
Namen und Blute.

Lasset der Grauen
Murren und Schauen,
Raten und Wissen
Wenig ersprießen;
Eben sie selber
Waren auch Kälber;
Blühende Herzen,
Lasset uns scherzen.

Georg Greflinger

An die Adresse der Braut

Früher waren die Dichter voll des Lobes für die Braut. In geradezu hymnischen Versen schwärmen sie von der schönsten Frau des Tages – oder sie geben guten Rat für den Umgang mit dem Ehepartner.

Das Lob Helenens

O Bräutigam, welch eine Braut
Wird deinem Arm zur Beute!
Bei meiner Leier schwör ich's laut:
Die Krone schöner Bräute!
(...)

Ihr Blick verheißt ein Paradies;
Die Wang' ist Morgenröte;
Und ihre Stimme tönt so süß
Wie König Friedrichs Flöte.

Noch mehr! Des Dichters Phantasei
Verrät es seiner Leier,
Dass ihre Liebe süßer sei
Als Honig und Tokaier.

Ihr schlanker Wuchs – doch wie vermag
Ich jeden Reiz zu singen?
Kaum reicht ein langer Sommertag,
Ihr Loblied zu vollbringen.
(...)

Sieh, solche Braut zieht deine Hand
Hinweg aus unsern Blicken.
Wie neiden wir das fremde Land,
Das Helena soll schmücken!
(...)

Doch wirst du künftig, ohne Leid,
Sie auf den Händen tragen
Und immer, nach Verdienst, wie heut,
Ihr Honigwörtchen sagen.

So sei es drum! Wir lassen sie
In Frieden unsertwegen.
Die Liebe segne dich und sie
Mit ihrem besten Segen!

Johann Gottfried Bürger

An eine Braut

Es wird behauptet und mit Grund,
Ein nützlich Werkzeug sei der Mund.
Zum Ersten lässt das Ding sich dehnen
Wie Guttapercha, um zu gähnen.
Ach Grete, wenn du dieses musst,
Tu es im Stillen und mit Lust!
Zum Zweiten: Wenn es grad vonnöten,
Kann man ihn spitzen, um zu flöten.
Sitzt dann der Schatz auch mal allein,
Dies wird ihm Unterhaltung sein.

Zum Dritten lässt der Mund sich brauchen,
Wenn's irgend passend, um zu rauchen.
Dies kannst du deinem guten Gatten,
Der darum bittet, wohl gestatten.

Zum Vierten ist es kein Verbrechen,
Den Mund zu öffnen, um zu sprechen.
Vermeide nur Gemütserregung,
Sprich lieber sanft, mit Überlegung,
Denn mancher hat sich schon beklagt:
„Ach, hätt ich das doch nicht gesagt!"

Zum Fünften, wie wir alle wissen,
So eignet sich der Mund zum Küssen.
Sei's offen oder sei's verhohlen,
Gegeben oder nur gestohlen,
Ausdrücklich oder nebenher,
Bei Scheiden oder Wiederkehr,
Zum Frieden und nach Kriegeszeiten:
Ein Kuss hat seine guten Seiten!

Zum Schluss jedoch nicht zu vergessen:
Hauptsächlich dient der Mund zum Essen.
Gar lieblich dringen aus der Küche
Bis an das Herz die Wohlgerüche.
Hier kann die Zuge fein und scharf
Sich nützlich machen und sie darf!
Hier durch Gebrötel und Gebrittel
Bereitet man die Zaubermittel
In Töpfen, Pfannen oder Kesseln,
Um ewig den Gemahl zu fesseln.
Von hier aus herrscht mit schlauem Sinn
Die Haus- und Herzenskönigin.

Lieb's Gretchen! Halt dich wohlgemut,
Regiere mild – und koche gut!
Wilhelm Busch

Ihr Diener, werte Jungfrau Braut

Ihr Diener, werte Jungfrau Braut,
viel Glück zur heut'gen Freude!
Wer Sie in Ihrem Kränzchen schaut
und schönem Hochzeitskleide,
dem lacht das Herz vor lauter Lust
bei Ihrem Wohlergehen;
Was Wunder, wenn mir Mund und Brust
vor Freuden übergehen.
Johann Sebastian Bach

Einer Braut

Den Strahl der Liebe glänzen
Seh' ich im Aug' dir klar.
Der schönste von den Kränzen
Schmückt heut dein blondes Haar.

Schon früh im jungen Leben
Ward dir ein hohes Glück;
Das Schicksal hat gegeben –
Es nehme nichts zurück.

Bleibt auch in spätren Tagen
Nicht ferne dir das Leid –
Die Liebe kann's ertragen,
Die Liebe macht gefeit.

Drum sei dein Bund gesegnet
Von eines Dichters Wort:
Was immer dir begegnet,
Die Liebe sei dein Hort.

FERDINAND VON SAAR

Zugedacht der Braut

Du wirst im Eh'stand viel erfahren,
was dir ein halbes Rätsel war;
bald wirst du aus Erfahrung wissen,
wie Eva einst hat handeln müssen,
dass sie hernach den Kain gebar.

Doch, Schwester, diese Eh'standspflichten
wirst du von Herzen gern verrichten,
denn glaube mir, sie sind nicht schwer.

Wohl jede Sache hat zwo Seiten:
Der Eh'stand bringt zwar viele Freuden,
allein auch Kummer bringet er.

Drum, wenn dein Mann dir finst're Mienen,
die du nicht glaubest zu verdienen,
in seiner übel'n Laune macht,
so denke, das ist Männergrille,
und sag: Herr, es gescheh' dein Wille
bei Tag – und meiner in der Nacht.

(Mozarts »Kleiner Hochzeitsrat«
für Nannerl, seine Schwester)

„Geflügelte Worte" für Hochzeitsredner

Amüsante Sprüche und pointierte Gedankensplitter zu Liebe und Ehe – bestens geeignet, um eine schelmische Hochzeitsrede zu würzen.

Wenn Lippe gern auf Lippe ruht,
wir hindern's nicht, uns dünkt es gut.
Ludwig Uhland

Ist die Mutter gut von Sitten,
Magst du um die Tochter bitten.
Sprichwort

Ja, bei Heiraten muss man net voreilig sein; das Geld, was man auf eine Hochzeit ausgibt, ist sehr häufig die erste Einzahlung in die wechselseitige Lebensverbitterungsanstalt.
Johann Nepomuk Nestroy

Die Eheherrn sollten künftig die Trauringe statt auf dem Finger in der Nase tragen, zum Zeichen, dass sie doch an der Nase geführt werden.
CHRISTIAN DIETRICH GRABBE

Herr! Ich frage mich, welcher Narr das Küssen erfunden hat.
JONATHAN SWIFT

Ehen und Weine haben eines gemeinsam: Die wahre Güte zeigt sich erst nach Jahren.
WILLIAM SOMERSET MAUGHAM

Liebe bringt selbst den Esel zum Tanzen.
FRANZÖSISCHES SPRICHWORT

Es gibt viele Kleinigkeiten in der Ehe, die unwichtig sind, wenn man sie beachtet – und wichtig werden, wenn man sie ignoriert.
SPRICHWORT

Gut gehängt ist besser
als schlecht verheiratet.
WILLIAM SHAKESPEARE, WAS IHR WOLLT

Wer in der Liebe lebt, ist bei Vernunft doch toll;
Wer in der Liebe lebt, ist nüchtern dennoch voll.
FRIEDRICH VON LOGAU

Heirate nur: Bekommst du eine gute Frau,
wirst du sehr glücklich werden;
bekommst du eine schlechte,
wirst du Philosoph werden.
SOKRATES

Keuschheit ist ebenso wenig eine Tugend wie Unterernährung.
Alexander Camfort

Im Krieg zwischen den Geschlechtern hat es noch nie Kriegsdienstverweigerer gegeben.
Oscar Wilde

Die Lieb' is a Spagat, der die Herzen, der Eh'stand ein Strick, der die Händ' zusammenbindt.
Johann Nepomuk Nestroy

Sich Konfitüre oder Gefühlen hinzugeben ist der Gesundheit gleichermaßen förderlich.
Gilbert Keith Chesterton

Heiraten, Engel, ist wunderlich Wort,
Ich meint, da müsst ich gleich wieder fort.
Johann Wolfgang von Goethe

Wenn eine Frau heiratet, vertauscht sie die Aufmerksamkeit vieler Männer mit der Unaufmerksamkeit eines Einzigen.
Spanisches Sprichwort

Was Prügel sind, das weiß man schon, was aber die Liebe ist, das hat noch keiner herausgebracht.

Johann Wolfgang von Goethe

Im Ehestand muss man sich manchmal streiten, denn dadurch erfährt man was voneinander.

Johann Wolfgang von Goethe

In unserem monogamischen Weltteile heißt heiraten, seine Rechte halbieren und seine Pflichten verdoppeln.

Arthur Schopenhauer

Die gute Ehe ist ein ewiger Brautstand.

Theodor Körner

Als Junggeselle ist der Mann ein Pfau, als Bräutigam ein Löwe – und als Verheirateter ein Esel.

Spanisches Sprichwort

Gedichte und Verse für Kinder

Fröhliche Kinder sind auf Hochzeitsfesten ein absolutes Highlight. Darum beziehen Freunde und Verwandte des Paares ihre Kinder gerne ins Programm mit ein. Denn Gedichte, aus Kindermund vorgetragen, sind die beste Festeinlage und zudem eine liebevolle Geschenkidee. Außerdem stehen viele Kinder gerne mal im Rampenlicht, sind für einen Tag der kleine Star. So können sie zeigen, was in ihnen steckt und was sie mit viel Liebe auswendig gelernt haben. Trotzdem bedeutet es immer eine Überwindung, auf die Bühne zu klettern und vor versammelter Hochzeitsgesellschaft etwas vorzutragen. Die Allerkleinsten wagen sich sicher nur in Begleitung von Mutter oder Vater auf die Bühne. Wichtig ist es darum vor allem: Wenn die Kinder auf der Bühne stehen, sollte ihnen die Aufmerksamkeit des ganzen Saales zuteil werden.

Gereimtes für die Kleinsten

Kleinere Kinder tragen kurze, knappe Reime von maximal sechs Zeilen vor. Die lassen sich mühelos auswendig lernen.

Ein Kuss

Die Sonne heut am Himmel lacht,
denn ihr habt Hochzeit nun gemacht.
Mein Verslein ist nur kurz und klein,
ihr sollt deshalb nicht böse sein.
Ich geb euch lieber einen Kuss
und jetzt ist mit dem Dichten Schluss!

Das Allerherzlichste

Ich wünsche euch von Herzen
nie Kummer und nie Schmerzen.
Dafür viel Liebe und viel Sonne,
dann ist die Ehe eine Wonne.

Hochzeitstorte

Ein Stück vom großen Sahnekuchen
will ich gleich einmal versuchen.
Aus Marzipan sind diese Rosen,
um die müssen wir wohl losen.

Das rosa Schwein

Ich bin hier der kleinste Wicht,
der euch aufsagt ein Gedicht.
Ihr sollt immer glücklich sein,
Glück bringt euch dies rosa Schwein!

Schöne Stunden

Lieber Fabian, liebe Braut,
ihr beiden habt euch heut getraut.
Drum wünsche ich euch mit viel Freude
die allerschönsten Stunden heute.

Das Geschenk

Lang musst ich grübeln, lange denken:
Was soll ich euch denn alles schenken?
Diese schön verpackte Gabe
ist alles, was ich für euch habe.
Dazu den Vers, den ich hier sag
und dass ich euch sehr gerne mag.

Fröhliches Fest

Hallo meine lieben Leute,
jetzt mache ich euch eine Freude.
Heute gebe ich das Beste
für das frohe Hochzeitsfeste.

Tolle Ehejahre

Weil ich euch ganz besonders mag,
wünsch ich euch Glück zum Hochzeitstag!
Dem wunderschönen Hochzeitspaare
ganz viele tolle Ehejahre!

Das Patenkind

Lieber Fabian, liebe Braut,
jetzt habe ich mich vorgetraut.
Ich bin das liebe Patenkind
und sage meinen Vers geschwind.
Ich wünsche euch viel Glück
und von der Torte ein großes Stück.

Die Hochzeitsreise

Für eure Hochzeitsreise
wünsch ich euch laut, nicht leise:
Dass immer hell die Sonne lacht
und euch die Reise Freude macht.

Hunger

Wann geht das Essen endlich los?
Mein Hunger ist schon riesengroß!
Das muss ich euch jetzt fragen,
denn mir knurrt schon der Magen.

Das Herz

Ich schenke euch mein Herz,
wünsche Glück und niemals Schmerz.
Dazu noch diese Zeilen,
ich will euch nicht langweilen.
Deshalb ist dies das Ende,
jetzt klatscht in eure Hände!

Aschenputtel

Ruckediguh, ruckediguh,
die Braut hat neue Schuh!
Sie sind nicht zu klein,
es muss die rechte Braut wohl sein!

Die Trauung

Lieber Bräutigam und liebe Braut,
ihr habt euch ganz schön was getraut.
Nun seid ihr zwei ein Ehepaar,
wie gut, dass ich dabei heut war!

Gedichte für Grundschulkinder

Grundschulkinder können sich schon einige Zeilen mehr einprägen. Die Kinder freuen sich sicher sehr, wenn ihr Vortrag mit großem Applaus begrüßt wird.

Unvergleichliche Ehe

Viel Glück in eurem Leben
soll es immer geben.
Und darum wünsche lauthals ich
euch Glück, Gesundheit sicherlich.
Doch auch von eurer Liebe reichlich,
dann wird die Ehe unvergleichlich.

Schön rausgeputzt

Die Braut ist heute wunderschön,
ihr Kleid ganz prächtig anzusehn.
Doch auch der junge Ehemann
hat einen flotten Smoking an.
Dazu die goldnen Ringelein,
die müssen ganz schön wertvoll sein.
Die beiden sind ein hübsches Paar,
das finde ich ganz wunderbar.

Das Traumpaar

Man sieht, ihr strahlt in eurem Glück,
ihr habt so einen Glanz im Blick.
Ihr seid ja auch ein tolles Paar
und passt zusammen wunderbar.
Sogar die gleichen Hobbys habt ihr,
spielt Tennis, lest gern, spielt Klavier.
Zusammen habt ihr viel, viel Spass,
könnt lachen über dies und das.
Mit Harmonie, ihr werdet sehn,
werdet ihr durchs Leben gehn.

Gruß an den Storch

Ich wünsche euch fürs Leben
'nen großen Kindersegen.
Damit dabei auch nichts läuft schief
schreib ich an den Storch 'nen Brief:

Sehr geehrter Adebar,
für das allerschönste Paar
wünsche ich mir Kindersegen!
Bringst du sie denn auch bei Regen?
Eine Handvoll kleine Cousinchen,
nett und fröhlich wie die Bienchen
oder noch viel netter
wären ein paar Vetter.
Viele Grüße sendet dir
Patrick von der Feier hier.

Das Klavierspiel

Jeden Tag spiel ich Klavier –
mal drei Stunden, mal auch vier.
Wie für mich gilt für euch eben,
üben muss man 's Eheleben.

Ab heute spielt ihr im Duett,
drum seid zueinander nett.
Niemals sollt ihr zwei verzagen,
auch einmal was Großes wagen.

Spielt ihr doch einmal in Moll,
findet dieses gar nicht toll.
Denkt an diese Stunden nur
und schon spielt ihr wieder Dur.

Gute Zeiten, schlechte Zeiten

In guten und in schlechten Zeiten
soll euch eure Liebe leiten.
Ihr sollt fest zusammenstehen,
fröhlich in die Zukunft sehen.

Habt ihr einmal nichts zu lachen,
müsst ihr wieder Mut euch machen.
Oder zieht 'nen Freund zurate,
helfen kann euch auch der Pate.

Doch wünsch ich euch nur alles Glück
für später – und im Augenblick!

Lieber Patenonkel

Hört zu, was ich jetzt verrate –
der Fabian, der ist mein Pate.
Zum Geburtstag bringt er Dinge mit,
die sind stets der große Hit.

Er schenkt mir, was mir gut gefällt –
ob Lego, Comics oder Geld.
Und Fußball spielt er auch mit mir,
als Spitzenteam gewinnen wir.
Ich muss den Fabian einfach loben,
mit ihm kann man auch richtig toben.
Auch beim Rechnen hilft er mir,
beim Schreiben, Lesen und Klavier
ist er der beste Übungsmeister,
vertreibt die bösen Fehlergeister.

Als Onkel steht er auf alle Fälle
für mich an allererster Stelle.
Und Sandra, seine schöne Braut,
der hab ich auch sofort vertraut.
Drum sage ich euch beiden,
ich kann euch erste Sahne leiden!

Der Bruder der Braut

Hallo, hört mal alle her!
Als kleiner Bruder hab ich's schwer!
Für meinen lieben Schwager,
hab ich was auf Lager.

Meine Schwester kann gut streiten
und sie wird auch dich verleiten.
Doch eins darfst du vergessen nie,
das letzte Wort hat immer sie.

Drum rat ich dir zum guten Schluss:
statt zu streiten, gib ihr einen Kuss!

Gedichte für ältere Kinder

Ältere Kinder haben auch an anspruchsvolleren Gedichten Gefallen. Die Textlänge kann vier oder mehr Strophen betragen.

Nach dem Standesamt

Versammelt war'n wir allesamt
vor dem hies'gen Standesamt.
Ihr beide sagtet lauthals „Ja"
und wart darauf ein Ehepaar.
Jetzt müsst ihr diesen Stamm zerlegen,
das Holz – ritsch, ratsch – ganz glatt zersägen.
Das ist der Prüfung erster Teil,
ihr habt 'ne Säge, doch kein Beil.
Danach woll'n wir das Glas erheben,
und einen Toast zum Besten geben,
dann endlich zu der Feier gehen –
nicht lange hier herum noch stehn.

Der Film des Lebens

Ins Kino jeder gerne rennt
zu sehn 'nen Film mit Happy End.
Da findet man, das ist doch klar,
auch euch, das schöne Ehepaar.

Da sitzt ihr nun und starrt gebannt
auf die große Filmleinwand.
Der Held, ein attraktiver Mann,
verliebt schaut er die Frauen an.

Und ist die Richtige dabei,
sind alle andren einerlei.
Und während ihr vor Rührung flennt,
heißt's bei den beiden „Happy End".

Doch wie mag es weitergehn?
Das ist im Film nicht mehr zu sehn.
Gehn sie auch vor den Traualtar,
wie das bei euch beiden war?

Ihr seid nun richtig Frau und Mann
habt jetzt Eheringe an.
Ihr sagt, dass ihr euch nie mehr trennt,
das ist für euch das Happy End.

Doch eure Ehe fängt erst an,
deshalb hab ich mich schwer getan –
mein Glückwunsch sollte sein ganz richtig,
denn das ist mir unheimlich wichtig.

Ich sag es jetzt auf meine Art:
Alles Gute und 'nen Happy Start!

Der Sinn des Heiratens

Keiner will es mir verraten,
warum so viele heiraten.
Mir ist überhaupt nicht klar,
was dafür der Grund wohl war.

Kann man denn nur glücklich sein
mit dem echten Heiratsschein?
Ist die Steuer denn der Grund?
Tut doch eure Meinung kund!

Oder war es an der Zeit,
dass der Mann die Frau nun freit?
Wollte man ein großes Feste,
eine Vielzahl netter Gäste?

Wollte man den Tag genießen,
sich einen hinter die Binde gießen?
Wollte man Geschenke kriegen,
sich beim Tanzen fröhlich wiegen?

Wie ich hörte, ist es Liebe,
auf die man die Hochzeit schiebe?
Na, dann bin ich aber froh,
und die andren ebenso!

Abenteuerlich

Bevor die ersten Babys kommen,
wird noch etwas unternommen.
Die Zeit zu zweit sollt ihr genießen,
die Feste feiern und begießen.

Ihr könnt noch wilde Sachen bringen
wie Rafting oder Fallschirmspringen.
Auch segeln auf dem weiten Meer,
ich denke, das gefällt euch sehr.

Ihr könnt noch manche Reise buchen,
in Afrika ein Nashorn suchen.
Auch könnt ihr auf 'ne Insel fliegen,
gemütlich in der Sonne liegen.

Dies alles könnt ihr beiden machen,
da gibt's dann auch genug zu lachen.
Doch wenn die kleinen Babys kommen,
wirkt ihr bestimmt oft mitgenommen.

Denn diese kleinen Ungeheuer
sind das größte Abenteuer.
Ihr müsst dann nächtelang durchwachen,
Windeln wechseln, Breichen machen.

Ich helf dabei euch liebend gern,
denn schließlich bin ich ja modern!
Zum monatlichen Babysitten
braucht ihr mich nicht lang zu bitten!

Die Hochzeitstorte

Drei Stufen hoch und reich verziert,
drum esst sie nicht ganz ungeniert.
Schaut an euch diese Kuchenpracht,
bei der der Gaumen herzlich lacht.

Jetzt schneidet schnell die Torte an,
dass jeder davon essen kann.
Das Brautpaar kriegt das erste Stück,
ich wünsch euch beiden viel, viel Glück!

Wechselgedichte

Vielen Kindern fällt es leichter, gemeinsam mit anderen Gedichte vorzutragen. Wechselgedichte sind bei den Kleinen deshalb besonders beliebt!

Auf dem Bauernhof

Alle:
Die Tiere auf dem Bauernhof
sind wirklich schlau und gar nicht doof.

Erzählen sich ganz ungeniert,
was heute hier bei uns passiert.

Die Hunde bellen es ganz laut:
Ein Hoch auf Bräutigam und Braut!

Die Schweinchen grunzen unumwunden:
Jetzt sind sie aber fest gebunden.

Die Kätzchen schnurren leise:
'ne schöne Hochzeitsreise!

Die Kühe im Grase liegen:
Wann sie wohl Kinder kriegen?

Ein lautes Wiehern von den Pferden
wünscht alles Glück auf Erden.

Die Enten schwimmen auf dem See
und stimmen an ein lautes Juchhee.

Der Hahn kräht lauthals auf dem Mist:
Wie wunderschön das Paar doch ist!

Die Gänse schnattern ungeheuer:
Bei den beiden brennt das Feuer.

Alle:
Die Tiere wünschen euch viel Glück:
Schaut stets nach vorn und nie zurück!

Das Baby kommt

Noch seid ihr beiden ganz allein,
doch bald wollt ihr zu dritt schon sein.
Ihr braucht deshalb noch allerhand,
drum schenken wir dies mit Verstand:

Die Windeln sind besonders wichtig,
sie sind nicht dünn, sie sind vielschichtig.
Sonst kriegt es einen nassen Po,
das Baby, und dann jammert's so!

Damit das Kleine auch nicht friert
wird dieser Strampler präsentiert.
Den gibt's in Rosa und in Blau,
für Bub und Mädchen, ist das nicht schlau?!

Ist euer Baby richtig müd
spielt ihm die Uhr ein kleines Lied.
Und schaut es dann noch in die Höh,
erfreut sich's an dem Mobile.

Dieses Entchen von Susanne
kommt in Babys Badewanne.
Und die Seife ist ein Segen,
will man Baby damit pflegen.

Wir wünschen euch zu eurem Feste
von allen hier das Allerbeste.

Zehn kleine Kinderlein

(Die Kinder stellen sich in einer Reihe auf. Nacheinander treten sie einen Schritt nach vorn und sagen ihren Zweizeiler auf. Den Glückwunschvers am Ende sprechen alle gemeinsam.)

Ich steh als Allererste hier,
denn gratulieren wollen wir.

Ich bin aber auch dabei,
wünsche Liebe für euch zwei!

Jetzt sind wir Kinder schon zu dritt,
denn ich gratuliere mit.

Ich bin hier die Nummer Vier,
spiel ein Lied auf dem Klavier.

Die Fünf wünscht nur das Beste
zu eurem Hochzeitsfeste.

Die Sechs bin ich allein,
ich schenk ein rosa Schwein.

Ich bin die Nummer Sieben,
ihr sollt euch ewig lieben.

Jetzt wünsche ich, die Nummer Acht,
'ne wunderschöne Hochzeitsnacht!

Mit mir, der kleinen Nummer Neun,
woll'n sich alle herzlich freu'n.

Der Letzte ist die Nummer Zehn,
jetzt müssen wir Kinder wieder gehn.

Alle:
Doch eines wollen wir noch sagen:
Viel Glück an allen Tagen!

Zum gleichen Themenbereich sind im FALKEN Verlag u. a. erschienen:
Hajo und Eckart Bücken, Spiele für Hochzeitsfeiern (1530)
Christa Kilian, Kindergedichte zur Hochzeit (1791)
Bernhard Lins, Kindergedichte, Lieder und Sketche für Hochzeitsfeiern (1112)
Susan Lippe, Hochzeitsbräuche (1528)
Yvonne Thalheim, Hochzeitszeitungen (1379)
Annelore Wilke/Bernd Haß, Hochzeitsfeste mitgestalten (1790)

Dieses Buch wurde auf chlorfrei gebleichtem und säurefreiem Papier gedruckt.

Der Text dieses Buches entspricht den Regeln der neuen deutschen Rechtschreibung.

Susan Lippe hat die literarisch-klassischen Gedichte und die Zitate zusammengestellt, Andrea Rodat die modernen Verse und die Reden geschrieben.

ISBN 3 8068 2183 6

Umschlaggestaltung: Elisabeth Berthauer
Titelfoto: Tony Stone Images (Bob Thomas), Düsseldorf
Gestaltung: Horst Bachmann
Redaktion: Winfried Schindler

Zeichnungen: Peter Neiländer, Münster

Satz/Litho: DM-SERVICE Mahncke & Pollmeier GmbH & Co. KG, Rodgau
Gesamtkonzeption: FALKEN Verlag, D 65527 Niederhausen/TS.

817 2635 4453 6271

Ja. Ich will!

Von I. Wolter-Rosendorf,
112 S., kartoniert
ISBN: 3-635-**60044**-X
DM 12,90

Von G. Kunz,
112 S., kartoniert
ISBN: 3-635-**60282**-5
DM 12,90

Von H. J. Winkler,
112 S., kartoniert
ISBN: 3-635-**60155**-1
DM 12,90

Von T. Münster,
226 S., kartoniert
ISBN: 3-635-**60037**-7
DM 19,90

FALKEN
TaschenBuch

Stand der Preise 1.7.1998 · Änderungen vorbehalten